HÄDECKE

Sandrine Saadi

Frühstücksglück

IMPRESSUM

Die französische Originalausgabe erschien 2021
als »Breakfast gourmand« bei Hachette Livre – Marabout

www.hädecke.de

Printed in Spain 2022
4 3 2 1 | 2025 2024 2023 2022
ISBN 978-3-7750-0817-4

Produziert auf chlorfrei gebleichten FSC®-Materialien aus nachhaltiger Forstwirtschaft und Holz aus kontrollierter Herkunft.

Konzeption, Grafik, Rezepte und Fotos:
Sandrine Saadi (Blog: www.fraise-basilic.com;
Instagram: @fraiseetbasilic)
Übersetzung aus dem Französischen: *Ulrike Brandhorst*
Redaktion & Lektorat der deutschen Ausgabe: *Simone Graff*
Typografische Gestaltung der deutschen Ausgabe:
Julia Graff, Hädecke Verlag
Gesetzt in der Brix Slab (HvD Fonts), Abril Fatface (TypeTogether) und Brandon Grotesque (HvD Fonts)
Bilder deutscher Umschlag: Composing Illustration:
© envato.com (Ana-Sakuta; IanMikraz; yello_illustration; nadispasibenko); Hintergrundbild: *© istockphoto.com (alvarez); Rückseite: © Sandrine Saadi*

Ein verlagsneues Buch bekommt man in Deutschland und Österreich überall zum selben Preis. Die kulturelle Vielfalt wird durch die gesetzliche Preisbindung geschützt. Auf dem Land und in der Stadt, im Internet und in jeder Buchhandlung gilt der gebundene Ladenpreis.

KONTAKT ZUM VERLAG

Liebe Leserin, lieber Leser,

schön, dass Sie dieses Buch aus unserem Verlag in Ihrer Buchhandlung entdeckt, von jemandem geschenkt bekommen oder an anderer Stelle erworben haben. Hat es Ihnen gut gefallen? Dann posten Sie doch ein Bild davon oder vielleicht von Ihrem neuen Lieblingsrezept daraus mit dem Hashtag *#genussbuch* und verlinken Sie uns!

Sie finden uns beispielsweise bei
facebook.com/haedecke.verlag
instagram.com/haedecke
youtube.com/haedeckeverlag
pinterest.com/haedecke

Natürlich können Sie auch auf anderem Weg mit uns Kontakt aufnehmen, um uns mitzuteilen, wie Ihnen das Buch gefällt, welche Bücher Sie außerdem interessieren und was Sie sich vielleicht von uns wünschen würden. Wir freuen uns auch über Post oder eine Mail. Hat Ihnen etwas besonders gut gefallen? Haben wir evtl. eine wichtige Information übersehen, die Sie sich im Zusammenhang mit diesem Buch gewünscht hätten? Können wir Ihnen bei Rückfragen zu Rezepten behilflich sein? Oder ist Ihnen möglicherweise sonst etwas aufgefallen? Wir sind neugierig auf Ihre Meinung!

Mit Ihrer Rückmeldung helfen Sie uns, noch besser zu werden: **leserservice@haedecke-verlag.de**

Falls Sie gerne regelmäßig und als Allererste über Neuerscheinungen oder Neuigkeiten aus unserem Haus informiert werden möchten, können Sie sich hier bei unserem Genussletter anmelden:
hvlink.de/genussletter

FRÜH STÜCKS GLÜCK

70 Rezepte für den besten Start in den Tag

Texte und Fotos: Sandrine Saadi

Übersetzt von Ulrike Brandhorst

HÄDECKE

INHALT

Prolog

Ich frühstücke eigentlich nie so richtig. Die Frage, ob ich lieber eine Viertelstunde unter meiner warmen Decke oder am Frühstückstisch verbringe, stellt sich mir nicht. So überrascht es sicher, dass ausgerechnet jemand wie ich ein Buch über dieses Thema schreibt. Aber: Ich liebe eben Frühstücksrezepte, die – wenn sie über das klassische Morgenmüsli hinausgehen – fantasievoll, abwechslungsreich und ein ausgesprochener Genuss sein können. Und für die ich mir dann auch gerne die Zeit nehme.

Der Duft von frisch gebackener Brioche, von heißem schokoladigen Buchweizenporridge, süßer Erdbeermarmelade oder einem unverschämt hohen Stapel köstlicher Pancakes ist nur ein kleiner Teil dessen, was Lust macht, morgens ein paar Minuten früher aufzustehen und sich einer verlockenden Frühstückstafel zu widmen.

Sandrine

Wichtige Zutaten

Die folgenden Lebensmittel dürfen im Vorrats- und Kühlschrank nicht fehlen. Mit ihnen lassen sich fast 80 % der Rezepte in diesem Buch zubereiten.

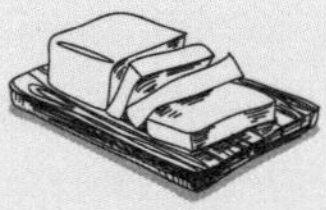

MOLKEREIPRODUKTE, EIER & CO.

- ☐ Butter
- ☐ Buttermilch oder Dickmilch
- ☐ Eier
- ☐ Frischhefe
- ☐ Frischkäse
- ☐ Kokosmilch
- ☐ Milch
- ☐ Naturjoghurt, z. B. griechische Art
- ☐ Pflanzendrinks
- ☐ Sahne

OBST UND GEMÜSE

- ☐ Äpfel
- ☐ Avocados
- ☐ Bananen
- ☐ Heidelbeeren*
- ☐ Himbeeren*
- ☐ Karotten
- ☐ Orangen
- ☐ Zitronen

Nicht vergessen: Während der Saison einfrieren, um sie das ganze Jahr über genießen zu können.

CEREALIEN

- ☐ Buchweizen
- ☐ Haferflocken
- ☐ Quinoa

ÖLE

- ☐ Haselnussöl
- ☐ natives Kokosöl
- ☐ Olivenöl
- ☐ Sesamöl
- ☐ Traubenkernöl

MEHL, SÜSSE & CO.

- ☐ Backpulver
- ☐ Chiasamen
- ☐ Dicksäfte zum Süßen*
- ☐ Honig
- ☐ ungesüßtes Kakaopulver
- ☐ Mandelmus
- ☐ verschiedene Mehle
- ☐ Schokoladentropfen
- ☐ dunkle und Milch-Schokolade
- ☐ Semmelbrösel
- ☐ Tahin (Sesammus)
- ☐ Trockenhefe
- ☐ verschiedene Zucker: einfacher Haushaltszucker, Puderzucker, Rohrohrzucker, Hagelzucker, Vollrohrzucker (Muscovado, Rapadura etc.), Rübenzucker

** Agavensirup, Ahornsirup, Apfel- oder Birnensüße, Kokosblütensirup, Melasse*

TROCKENFRÜCHTE, NÜSSE UND SAATEN

- ☐ Cashewkerne
- ☐ Datteln, z. B. Medjool
- ☐ Erdnüsse
- ☐ Haselnüsse (ganz und gemahlen)
- ☐ feine und grobe Kokosraspeln
- ☐ Macadamianüsse
- ☐ Mandeln (ganz, gehackt und gemahlen)
- ☐ Pekannüsse
- ☐ Pistazienkerne
- ☐ helle und dunkle Rosinen
- ☐ Sesamsaat
- ☐ Sonnenblumenkerne

GEWÜRZE

- ☐ Chilipulver
- ☐ Ingwerpulver
- ☐ gemahlener Kardamom
- ☐ Salz und Salzflocken, z. B. Fleur de Sel
- ☐ Vanille, Extrakt und Stangen
- ☐ Zimtpulver

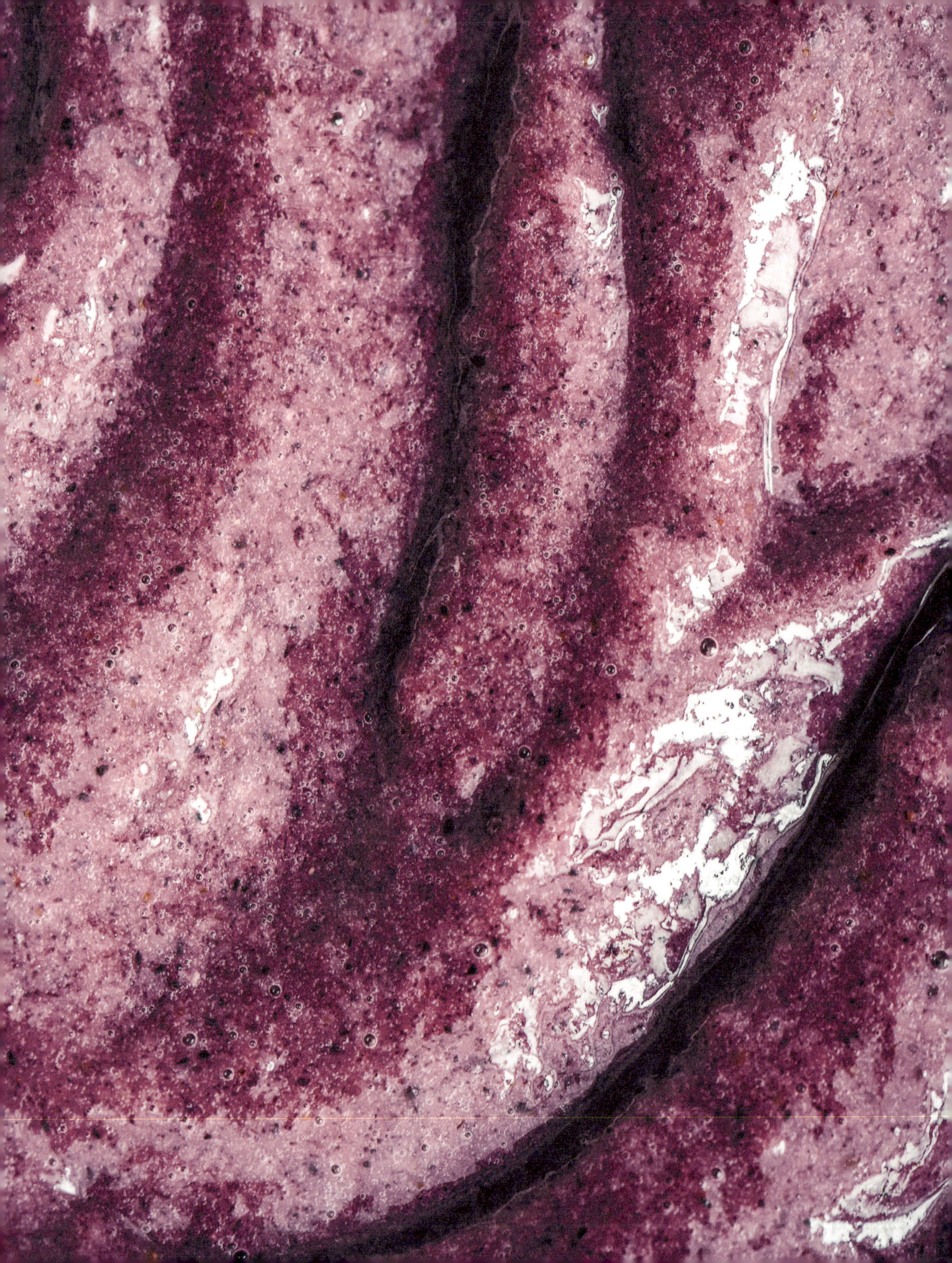

KAPITEL 1

Drinks, Smoothies und Heißgetränke

Schluss mit überzuckerten, industriell hergestellten Fertiggetränken! Jetzt kommt der Mixer aus dem Schrank und es gibt frisch zubereitete Smoothies und Pflanzendrinks voller Geschmack und Vitamine.

Pflanzendrinks selbst zu machen, ist einfacher, als man denkt! Das Prinzip ist immer gleich: Nüsse, Saaten oder Trockenfrüchte über Nacht einweichen und dann mit Wasser im Mixer pürieren. Nach dem Filtern lassen sich diese Drinks wie Milch im Müsli, für Caffè Latte und vieles mehr verwenden.

Pflanzendrink
aus Macadamianüssen

FÜR 750 ML
ZUBEREITUNG: 10 MINUTEN
EINWEICHZEIT: 12 STUNDEN
SCHWIERIGKEITSGRAD: ★

100 g **Macadamianüsse** in Rohkostqualität
750 ml **Wasser**
1 Prise **Salz**
2 TL **Dicksaft** nach Wahl
½ TL **Vanilleextrakt**

1_ Macadamianüsse über Nacht in kaltem Wasser einweichen. Anschließend in einem Sieb abbrausen und abtropfen lassen.

2_ Abgetropfte Nüsse mit 750 ml Wasser, Salz, Dicksaft und Vanilleextrakt im Mixer glatt pürieren.

3_ Durch ein Haarsieb oder einen Kaffeefilter abseihen und in einer sauberen, geschlossenen Flasche gekühlt aufbewahren.

4_ Der Pflanzendrink ist im Kühlschrank drei Tage haltbar. Vor Gebrauch gut schütteln.

TIPP

Die Masse, die nach dem Filtern übrigbleibt, lässt sich noch gut für die Zubereitung von Aufstrichen, Kuchen oder Keksen verwenden.

Die Kombination wirkt auf den ersten Blick ungewöhnlich, ist aber eine ganz wunderbare: Die Kirsche fängt das erdige Aroma der Roten Bete schön auf. Also nichts wie ran an den köstlichen, milchfreien Smoothie mit tollem Vanillegeschmack.

Smoothie
mit Roter Bete und Kirschen

2 GROSSE GLÄSER
ZUBEREITUNG: 5 MINUTEN
SCHWIERIGKEITSGRAD: ★

50 g **Rote Bete,** bissfest gegart
150 g **Kirschen**
1 TL **Vanilleextrakt**
2 große **Datteln,** entsteint
100 ml **Orangensaft,** frisch gepresst

1_ Gegarte Rote Bete schälen und in Stücke schneiden. Kirschen entstielen und entsteinen.

2_ Alle Zutaten im Mixer pürieren, bis eine glatte Masse entsteht.

3_ In zwei große Gläser füllen und gleich servieren.

Ein Milkshake, der köstlich nach Apfelkuchen schmeckt und im Handumdrehen zubereitet ist. Für alle, die nicht mit leerem Magen in die Schule oder ins Büro wollen.

Milkshake
mit Datteln, Haferflocken und Apfel

2 GROSSE GLÄSER
ZUBEREITUNG: 5 MINUTEN
SCHWIERIGKEITSGRAD: ★

1 **Apfel**
1 reife **Banane**
200 ml naturtrüber **Apfelsaft**
200 g **Naturjoghurt**
1 TL **Vanilleextrakt**
6 **Datteln,** entsteint
1 Handvoll **Vollkorn-Haferflocken**

Nach Geschmack:
2 TL **Honig**

1_ Apfel und Banane schälen, nach Geschmack das Kerngehäuse beim Apfel entfernen (man kann es aber auch einfach mitpürieren). Obst in Stücke schneiden.

2_ Alle Zutaten im Mixer pürieren, bis eine glatte Creme entsteht. Nach Geschmack noch mit Honig süßen.

3_ In zwei große Gläser füllen und direkt genießen.

Dieser Smoothie wird von der weltweiten Aktion „5 am Tag" empfohlen und gibt dank seines hohen Vitamingehalts Energie gleich nach dem Aufstehen!

Smoothie
mit Apfel, Karotte und Orange

2 GROSSE GLÄSER
ZUBEREITUNG: 5 MINUTEN
SCHWIERIGKEITSGRAD: ★

2 **Äpfel**
1 **Karotte**
3 **Orangen**
200 ml **Wasser**
½ TL **Ingwerpulver** oder frisch geriebener **Ingwer** nach Geschmack

1_ Äpfel und Karotte schälen, nach Geschmack die Kerngehäuse der Äpfel entfernen (man kann sie auch einfach mitpürieren). Beides in kleine Stücke schneiden. Die Orangen auspressen.

2_ Karotten- und Apfelstückchen in den Mixer füllen. Orangensaft, Wasser und Ingwerpulver hinzufügen und alles zu einer glatten Masse pürieren.

3_ Die Mischung durch ein Sieb in zwei große Gläser gießen und sofort servieren.

Eine megaschokoladige, supercremige heiße Schokolade – irgendwo zwischen Getränk und Nachtisch. Einmal probiert, für immer verführt!

Heiße Schokolade
mit Cashewmus und Gewürzen

2 TASSEN
ZUBEREITUNG: 5 MINUTEN
KOCHZEIT: 8 MINUTEN
SCHWIERIGKEITSGRAD: ★

500 ml **Mandeldrink**
2 EL **Rohrohrzucker**
1 **Zimtstange**
1 TL **Vanilleextrakt**
½ TL gemahlener **Kardamom**
15 g ungesüßtes **Kakaopulver**
50 g **Cashewmus** (Rezept S.75)
1 Prise **Zimtpulver**

1_ Mandeldrink, Zucker, Zimtstange, Vanille und Kardamom in einen kleinen Topf füllen. Aufkochen und anschließend fünf Minuten bei sanfter Hitze köcheln lassen.

2_ Die Mischung durch ein Sieb abgießen und wieder zurück in den Topf geben. Kakaopulver und Cashewmus unterrühren und noch drei Minuten unter ständigem Rühren köcheln lassen.

3_ In zwei Tassen füllen, mit dem Zimtpulver überpudern und noch heiß servieren.

TIPPS

Toll schmeckt die heiße Schokolade, wenn geraspelte dunkle Schokolade anstelle des Kakaopulvers verwendet und die Flüssigkeit aufgeschäumt wird. Entweder ein gut schließendes Schraubgefäß aus Glas zur Hälfte mit den Zutaten füllen, verschließen und eine Minute kräftig schütteln. Dann ohne Verschluss 30 Sekunden in der Mikrowelle erhitzen. Alternativ im Topf erhitzen und mit einem kleinen Schneebesen oder Milchschäumer luftig aufschlagen.

Avocado-Erdbeer-Smoothie

2 GLÄSER
ZUBEREITUNG: 5 MINUTEN
SCHWIERIGKEITSGRAD: ★

2 **Bananen**
1 **Avocado**
125 g **Himbeeren**
150 ml naturtrüber **Apfelsaft**

1_ Bananen schälen und in Stücke schneiden. Avocado halbieren, den Kern entfernen, das Fruchtfleisch aus den Schalen heben und in Stücke schneiden.

2_ Alle Zutaten im Mixer zu einer glatten Masse pürieren.

3_ In die Gläser füllen und direkt genießen.

TIPP

Der Smoothie wird zum Eiscreme-Genuss, wenn Himbeeren und Avocado vor dem Pürieren eingefroren werden. Avocadofleisch lässt sich, wenn es ganz reif ist, in Würfel geschnitten gut einfrieren.

Grüne Smoothies (meine Kinder nennen sie „Shrek-Smoothie") sind alles andere als ein langweiliger, geschmackloser Modetrend. Obst und Gemüse von ihrer schönsten Seite!

Grüner Smoothie
mit Birne, Kiwi und Spinat

2 GLÄSER
ZUBEREITUNG: 10 MINUTEN
SCHWIERIGKEITSGRAD: ★

4 **Kiwis**
2–3 saftige **Birnen**
40 g junger **Spinat**
1 TL **Matcha** (Grünteepulver)
1 TL **Zucker,** nach Geschmack
½ **Zitrone,** frisch gepresster Saft

1_ Kiwis und Birnen schälen und in Stücke schneiden. Kerngehäuse nach Geschmack entfernen.

2_ Spinat waschen, verlesen und in einem Sieb abtropfen lassen.

3_ Sämtliche Zutaten in einem Mixer zu einer glatten Masse pürieren.

4_ In zwei große Gläser füllen und gleich genießen.

Tipp

Wenn es mal schnell gehen soll, einfach Birnendirektsaft verwenden.

Sich einfach mal zu Hause einigeln? Dann ist dieses süß-würzige Getränk aus Indien genau das Richtige. Noch ein bisschen Kürbispüree dazu und die Herbststimmung ist perfekt.

Chai Latte
mit Gewürzen

2 TASSEN
ZUBEREITUNG: 15 MINUTEN
KOCHZEIT: 5 MINUTEN
SCHWIERIGKEITSGRAD: ★

2–3 grüne **Kardamomkapseln,** Samen ausgelöst
½ TL schwarze **Pfefferkörner**
2 **Zimtstangen** (oder 1 TL Zimtpulver)
1–2 cm frischer **Ingwer**
400 ml **Wasser**
1 EL **Rohrohrzucker**
2 EL **Schwarztee**
1 **Vanillestange,** der Länge nach aufgeschlitzt
4 **Gewürznelken**
6 EL **Sahne,** nach Geschmack gesüßte Kondensmilch

1_ Kardamomsamen und Pfeffer in einem Mörser zerstoßen, damit beide ihr Aroma vollständig entfalten können. Ingwer schälen und reiben.

2_ Wasser in einen Topf füllen. Zucker, Tee, gemörserte Gewürze, geriebenen Ingwer, Vanillestange und Gewürznelken dazugeben und aufkochen.

3_ Sahne hinzufügen und unter regelmäßigem Rühren erneut aufkochen, bis die Flüssigkeit etwas sämiger ist.

4_ Durch ein Teesieb in zwei Tassen gießen und heiß servieren.

Zitrone und Ingwer sind bekannt für ihre wohltuende Wirkung auf unseren Organismus. Die beiden sollte man, wo immer es geht, kombinieren – zum Beispiel in diesem Getränk, das durch den Rosmarin gleichzeitig belebend, entzündungshemmend und antioxidativ wirkt.

Energydrink
mit Ingwer, Zitrone und Rosmarin

2 GLÄSER
ZUBEREITUNG: 5 MINUTEN
KOCHZEIT: 5 MINUTEN
RUHEZEIT: 5 MINUTEN
SCHWIERIGKEITSGRAD: ★

1–2 cm frischer **Ingwer**
1 unbehandelte **Bio-Zitrone**
1 kleiner **Rosmarinzweig**
300 ml **Wasser**
1 EL **Honig**

1_ Ingwer schälen und in dünne Scheiben schneiden. Zitrone heiß abwaschen und mit einem scharfen Messer einen zwei Zentimeter breiten Streifen von der Zitronenschale abziehen. Rosmarin waschen und trockenschütteln

2_ Zitrone auspressen und mit dem Schalenstück in einen Topf geben. Anschließend Wasser, Ingwer und Rosmarin hinzufügen. Zum Köcheln bringen, den Topf vom Herd nehmen. Honig einrühren und alles fünf Minuten ziehen lassen.

3_ Durch ein Sieb abgießen und nach Wunsch heiß, lauwarm oder kalt genießen.

TIPP

Zum Servieren eine halbe Bio-Zitrone in Scheiben schneiden und mit frischem Rosmarin in die Gläser geben.

KAPITEL 2

Granolas und Knuspermüslis

Mischungen aus Saaten und Körnern machen das Frühstück zu einem Knuspervergnügen. Sie sind reich an Eiweiß und Ballaststoffen und sorgen für einen knackig-köstlichen Start in den Tag!

Knuspermüsli
mit Apfel, Vanille und Ingwer

FÜR 800 G KNUSPERMÜSLI
ZUBEREITUNG: 15 MINUTEN
KOCHZEIT: 5 MINUTEN
BACKZEIT: 30 MINUTEN
ABKÜHLEN: 90 MINUTEN
SCHWIERIGKEITSGRAD: ★

150 g **Honig**
100 g **Apfelmus**
50 ml **Apfelsaft**
1 **Vanillestange,** ausgekratztes Mark
1 TL **Ingwerpulver**
½ TL **Zimtpulver**
3 EL **Traubenkernöl**
½ TL **Salz**
350 g **Vollkorn-Haferflocken** oder Getreideflocken nach Wahl
120 g **Pekannüsse,** gehackt
60 g **Mandeln,** gehackt
60 g **Sonnenblumenkerne**

1_ Backofen auf 160 °C Umluft vorheizen.

2_ Honig, Apfelmus und -saft, Vanillemark, Gewürze, Traubenkernöl und Salz in einem großen Topf erwärmen, bis sich die Zutaten gut verbinden.

3_ Haferflocken, gehackte Pekannüsse und Mandeln sowie Sonnenblumenkerne hinzufügen. Alles gut vermischen und anschließend auf zwei mit Backpapier belegten Backblechen verteilen.

4_ Eine halbe Stunde im Backofen rösten. Dabei alle zehn Minuten wenden, damit das Knuspermüsli gleichmäßig bräunt.

5_ Nach dem Abkühlen in luftdichte Behälter füllen.

6_ Knuspermüsli mit Milch oder Joghurt und Früchten der Saison servieren.

Tipp

Granolas am besten über Nacht abkühlen lassen. Erst dann mit weiteren, hitzeempfindlichen Zutaten mischen und in Behälter zum Aufbewahren füllen.

Frühstückstörtchen
mit exotischen Früchten

FÜR 6 TÖRTCHEN
ZUBEREITUNG: 25 MINUTEN
BACKZEIT: 15–20 MINUTEN
ABKÜHLEN: 90 MINUTEN
SCHWIERIGKEITSGRAD: ★

Böden

90 g **Haferflocken**
150 g gehackte **Mandeln**
50 g **Kokosraspel**
1 EL ungesüßtes **Kakaopulver**
4 EL **Ahornsirup**
4 EL natives **Kokosöl**

Belag

450 g **Naturjoghurt,** z. B. griechischer Art
1 EL **Honig**
3 **Bananen**
1 kleine **Mango**
3 **Passionsfrüchte**

1_ Backofen auf 180 °C Umluft vorheizen.

2_ Haferflocken, gehackte Mandeln, Kokosraspel und Kakaopulver in einer großen Schüssel vermischen. Dann Ahornsirup und Kokosöl hinzufügen. Alle Zutaten zu einem glatten Teig vermengen.

3_ Sechs Tortelettformen mit dem Teig auslegen, diesen fest andrücken und anschließend 15–20 Minuten backen. Erst aus den Formen nehmen, wenn die Böden vollständig abgekühlt sind.

4_ Joghurt und Honig kurz vor dem Servieren verrühren, auf die Böden geben und geschälte und geschnittene Obststücke sowie Passionsfruchtpulpe dekorativ darauf verteilen. Und dann: Genießen!

TIPPS

Auch Papayawürfel mit Limettensaft passen gut dazu. Mit frischen Minze- oder Zitronenmelisseblättchen garnieren.

Mein Lieblingsmüsli – dafür würde ich fast alles tun! Es ist einfach nie genug davon da. Daher immer die doppelte Menge zubereiten, dann kommt erst gar kein Frust auf.

Schokoladiges Buchweizen-Granola

FÜR 450 G GRANOLA
ZUBEREITUNG: 15 MINUTEN
BACKZEIT: 25 MINUTEN
ABKÜHLEN: 90 MINUTEN
SCHWIERIGKEITSGRAD: ★

150 g **Haferflocken**
70 g **Pekannüsse**
60 g **Buchweizen**
1 TL **Zimtpulver**
2 TL ungesüßtes **Kakaopulver**
50 ml **Haselnussöl**
1 TL **Vanilleextrakt**
25 g **Ahornsirup**
1 Prise **Salz**
70 g **Schokotropfen**

1_ Backofen auf 160 °C Umluft vorheizen.

2_ Haferflocken, Pekannüsse, Buchweizen, Zimt und Kakao in einer großen Schüssel vermischen.

3_ Haselnussöl, Vanilleextrakt, Ahornsirup und Salz in einem kleinen Topf erhitzen.

4_ Die Mischung in die Schüssel zu den trockenen Zutaten geben und gründlich vermengen. Anschließend alles auf einem mit Backpapier belegten Backblech verteilen.

5_ 25 Minuten rösten, dabei regelmäßig wenden. Nach dem Abkühlen Schokotropfen untermischen und das Granola in einem luftdichten Gefäß aufbewahren.

Knuspermüsli
mit Limette und Kokosnuss

FÜR 450 G KNUSPERMÜSLI
ZUBEREITUNG: 20 MINUTEN
KOCHZEIT: 3 MINUTEN
BACKZEIT: 20 MINUTEN
ABKÜHLEN: 90 MINUTEN
SCHWIERIGKEITSGRAD: ★

160 g **Haferflocken**
80 g **Macadamianüsse**
80 g **Cashewkerne**
40 g natives **Kokosöl**
50 ml **Ahornsirup**
1 unbehandelte **Bio-Limette,** Saft und Schalenabrieb
1 **Vanillestange**
1 Prise **Salzflocken**
50 g **Kokoschips**
2 EL helle **Sesamsaat**
100 g kandierter **Ingwer,** fein gehackt
40 g **Sultaninen**

1_ Backofen auf 160 °C Umluft vorheizen.

2_ Haferflocken, Macadamianüsse (vorzugsweise gehackt) und Cashewkerne in einer Schüssel vermischen.

3_ Kokosöl, Ahornsirup, Limettensaft und -schalenabrieb mit Vanille und Salz einige Minuten in einem Topf erhitzen. Anschließend gründlich unter die Trockenzutaten in der Schüssel rühren, so dass alles gleichmäßig vermischt ist.

4_ Die Masse auf einem mit Backpapier belegten Backblech verteilen.

5_ 20 Minuten im Backofen rösten. Dabei regelmäßig wenden, damit das Knuspermüsli gleichmäßig bräunt. Kokoschips und Sesam hinzufügen und weitere fünf Minuten backen. Nach dem vollständigen Abkühlen Ingwerstückchen und Rosinen untermischen

6_ In luftdichten Gefäßen aufbewahren. Mit Joghurt und frischen Früchten servieren.

Himbeeren und Schokolade – eine bewährte Mischung. Ich verwende hier gefriergetrocknete Himbeeren, sodass ich dieses Granola das ganze Jahr über zubereiten kann.

Granola
mit Schokolade und Himbeeren

FÜR 500 G GRANOLA
ZUBEREITUNG: 15 MINUTEN
BACKZEIT: 25–30 MINUTEN
ABKÜHLEN: 90 MINUTEN
SCHWIERIGKEITSGRAD: ★

50 ml **Kokosöl**
50 ml **Dicksaft** nach Wahl
200 g **Haferflocken**
40 g ungesüßtes **Kakaopulver**
1 Prise **Salz**
20 g **Kokosraspeln**
100 g ganze **Mandeln,** grob gehackt
30 g gefriergetrocknete **Himbeeren**
90 g dunkle **Schokolade,** gehackt
30 g **Kakaonibs**

1_ Backofen auf 150 °C Umluft vorheizen.

2_ Kokosöl und Dicksaft ein paar Minuten erhitzen.

3_ Haferflocken, Kakaopulver, Salz, Kokosraspeln und Mandeln vermengen. Die Kokosölmischung dazugeben und gleichmäßig verrühren.

4_ Die Mischung auf einem mit Backpapier belegten Backblech verteilen.

5_ 25–30 Minuten im Backofen rösten. Dabei regelmäßig wenden, damit das Granola gleichmäßig bräunt. Vollständig abkühlen lassen.

6_ Zum Schluss gefriergetrocknete Himbeeren, dunkle Schokolade und Kakaonibs untermischen. In einem luftdichten Behälter aufbewahren.

KAPITEL 3

Breakfast Bowls und Porridges

Obst voll mit Antioxidanzien und Vitaminen, Proteinpower aus Milch oder Joghurt und ein Topping, das genauso reich an Nährstoffen wie an Geschmack ist …
Die bunten, appetitanregenden Bowls bieten für alle etwas.

Die Nicecream erfüllt alle Anforderungen eines perfekten Frühstücks: Diese vegane Köstlichkeit ist nicht nur wunderbar cremig, sondern auch in nur fünf Minuten zubereitet. Einzige Voraussetzung: Ein guter Mixer!

Nicecream
mit Heidelbeeren und Kardamom

2 PORTIONEN
ZUBEREITUNG: 5 MINUTEN
KÜHLZEIT: 12 STUNDEN
SCHWIERIGKEITSGRAD: ★

4 Bananen
100 g **TK-Heidelbeeren**
½ TL gemahlener **Kardamom**
2 EL **Ahornsirup** oder **Dicksaft** nach Wahl

Zum Servieren
Mandeln, gehackt, nach Geschmack

1_ Bananen schon am Vortag schälen und in Stücke schneiden. In einem kältebeständigen Gefäß einfrieren.

2_ Gefrorenes Obst am nächsten Tag ein paar Minuten vor dem Mixen aus dem Tiefkühler nehmen und mit den restlichen Zutaten solange im Mixer pürieren, bis eine glatte Masse entsteht.

3_ Die Nicecream in Schüsseln oder Gläser füllen und eiskalt genießen. Nach Geschmack gehackte Mandeln darüberstreuen.

Porridge
mit Erdnussbutter

2 PORTIONEN
ZUBEREITUNG: 15 MINUTEN
KOCHZEIT: 5 MINUTEN
SCHWIERIGKEITSGRAD: *

350 ml **Mandeldrink**
1 Prise **Salz**
150 g **Haferflocken**
125 g **Naturjoghurt**
20 g dunkle **Schokolade**
1 Handvoll ungesalzene, ungeröstete **Erdnüsse**
1 **Banane**
1 **Apfel**
2 EL cremige **Erdnussbutter**
etwas **Dicksaft** nach Wahl

1_ Mandeldrink mit Salz aufkochen, dann die Hitze reduzieren und Haferflocken dazugeben. Auf sanfter Hitze fünf Minuten unter ständigem Rühren köcheln lassen. Vom Herd nehmen und den Joghurt gründlich unterrühren.

2_ Schokolade und Erdnüsse hacken, geschälte Banane in Scheiben und gewaschenen Apfel ohne Kerngehäuse in kleine Würfel schneiden.

3_ Den Porridge in zwei Schalen füllen, je einen Esslöffel Erdnussbutter, Bananenscheiben und Apfelwürfel hinzufügen und mit Dicksaft süßen. Mit gehackten Erdnüssen und Schokolade sofort servieren.

TIPP

Die Erdnussbutter kann auch durch Mandelmus, Tahin oder Cashewmus ersetzt werden.

Banoffee-Chia-Pudding

2 PORTIONEN
ZUBEREITUNG: 15 MINUTEN
KOCHZEIT: 15 MINUTEN
KÜHLZEIT: 2 STUNDEN
SCHWIERIGKEITSGRAD: ★

Pudding
50 g **Chiasamen**
250 ml **Mandeldrink**
1 **Banane,** geschält und in Stücke geschnitten

Salzkaramell
70 g **Zucker**
20 g gesalzene **Butter**
100 ml **Sahne,** auf Raumtemperatur
1 Prise **Salzflocken**

Zum Servieren
2 EL **Naturjoghurt,** z. B. griechischer Art

1_ Chiasamen, Mandeldrink und Bananenstücke in einem Mixer zu einer glatten Masse pürieren. Die Mischung in zwei Gläser füllen und zwei Stunden abgedeckt kaltstellen.

2_ Währenddessen Zucker in einem Topf erhitzen, bis er Farbe annimmt. Dann Butter gründlich unterrühren.

3_ Vom Herd nehmen und Sahne mit Salz hinzufügen. Auf den Herd zurückstellen und weiterköcheln, bis die Mischung eindickt. Salzkaramell im Kühlschrank fest werden lassen.

4_ Direkt vor dem Servieren einen Löffel Joghurt auf dem Chiapudding verteilen, darauf Salzkaramell geben und dann nur noch genießen.

Dieser köstlich cremige Pudding ist eine gelungene Mischung aus Kokosnuss und Schokolade. Für alle, die Chia-Samen lieben.

Chiapudding
mit Schokolade und Kokosnuss

2 PORTIONEN
ZUBEREITUNG: 15 MINUTEN
KÜHLZEIT: 2 STUNDEN
SCHWIERIGKEITSGRAD: ★

55 g **Milchschokolade**
300 ml **Kokosmilch**
40 g **Chiasamen**
25 g ungesüßtes **Kakaopulver**
2 EL **Naturjoghurt**
20 g **Milchschokolade,** geraspelt
1 TL **Kokosraspel**

1_ Milchschokolade über dem heißen Wasserbad schmelzen und anschließend mit Kokosmilch verrühren. Vom Wasserbad nehmen, dann Chiasamen und Kakaopulver gut unterrühren.

2_ In zwei Gefäße füllen und für mindestens zwei Stunden abgedeckt im Kühlschrank ruhen lassen.

3_ Direkt vor dem Servieren einen Esslöffel Joghurt auf dem Chiapudding verteilen und mit Schokoladen- und Kokosraspeln garnieren.

Der Star in dieser Bowl ist die Açaï-Beere. Sie stammt aus Brasilien, wo sie seit Jahrhunderten angebaut wird. Dieses Superfood steckt prallvoll mit Antioxidanzien (es enthält viel mehr davon als die meisten anderen Früchte), Vitamin E, Mineral- und Ballaststoffen sowie ungesättigten Fettsäuren. Die Açaï-Bowl ist also nicht nur ein perfekter Farbtupfer auf unserem Frühstückstisch, sie versorgt uns auch mit Energie für den ganzen Tag.

Açaï-Bowl

2 PORTIONEN
ZUBEREITUNG: 10 MINUTEN
SCHWIERIGKEITSGRAD: ★

3 **Bananen**
70 g **Heidelbeeren**
2 EL **Açaï-Pulver**
150 ml **Mandeldrink**
1 EL **Honig**
1 unbehandelte **Bio-Zitrone,** Saft und Schalenabrieb

Zum Servieren
frische **Beeren** oder **Früchte der Saison** nach Geschmack, küchenfertig
essbare **Blüten**

1_ Bananen schälen und grob zerteilen. Heidelbeeren waschen, eventuelle Stiele entfernen und in einem Sieb abtropfen lassen.

2_ Alle Zutaten im Mixer zu einer glatten Masse pürieren.

3_ In zwei Schüsseln füllen und mit frischen Früchten sowie essbaren Blüten garnieren.

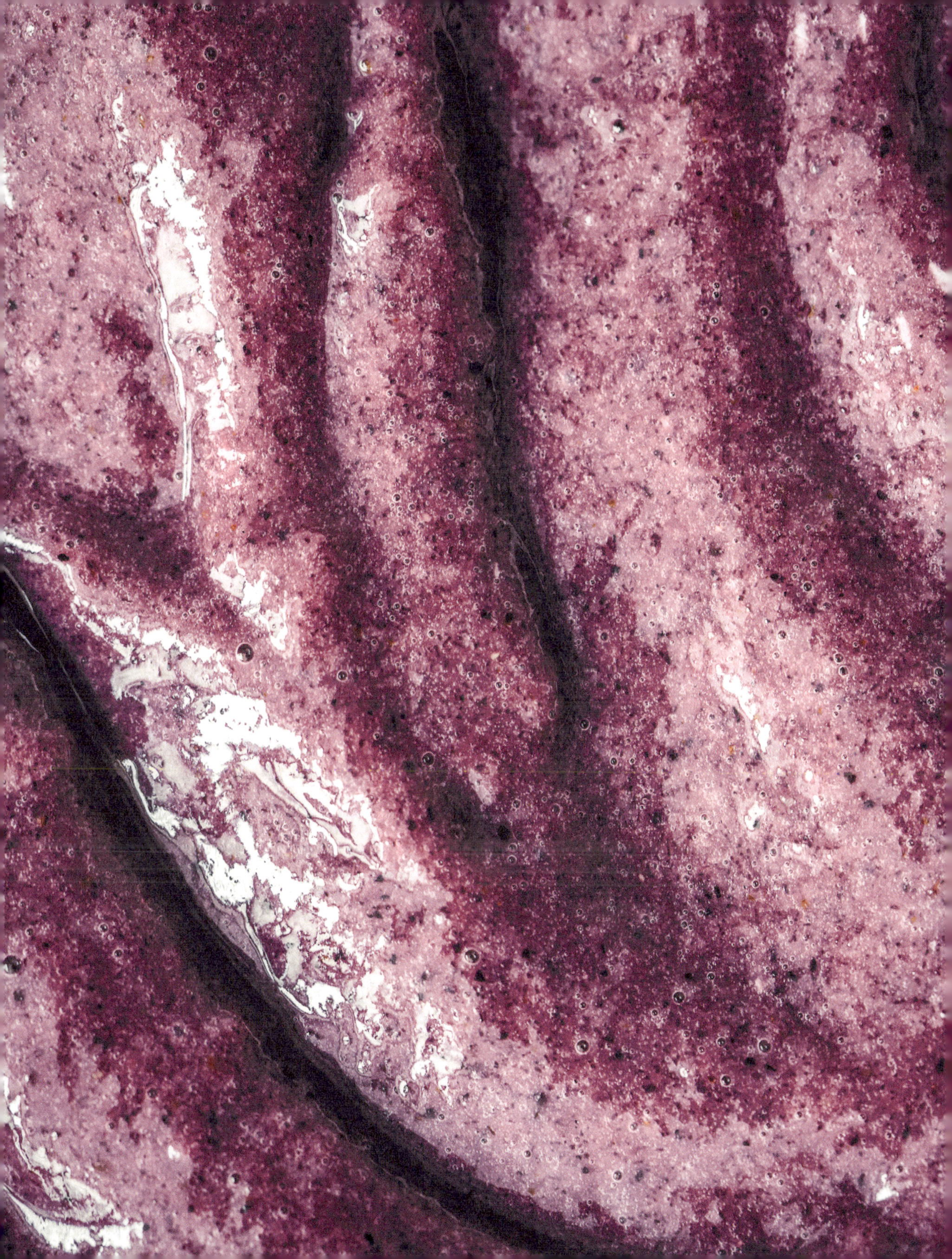

Wer hat's erfunden? Ein weltweiter Trend, der von den USA wieder zu uns zurückkam: Über Nacht eingeweichte Haferflocken, die sich nach Belieben variieren lassen – und bis zum Mittagessen satt machen!

Overnight Oats

2 PORTIONEN
ZUBEREITUNG: 15 MINUTEN
RUHEZEIT: 12 STUNDEN
BRATZEIT: 4 MINUTEN
SCHWIERIGKEITSGRAD: ★

90 g **Haferflocken**
250 ml **Mandeldrink**
1 TL **Ahornsirup** oder **Dicksaft** nach Wahl
½ TL **Zimtpulver**
1 Prise **Salz**

Zum Servieren
2 EL **Naturjoghurt,** z. B. griechischer Art
2 EL **Mandelmus**
1 TL **Butter**
1 **Banane**
20 g **Schokolade,** gehackt
1 Handvoll **Pekannüsse,** gehackt

1_ Haferflocken, Mandeldrink, Ahornsirup, Zimt und Salz in einer großen Schüssel vermischen und über Nacht abgedeckt kaltstellen.

2_ Die Mischung am nächsten Morgen in zwei Schälchen füllen und jeweils einen Löffel Joghurt und Mandelmus hinzufügen.

3_ Butter in einer Pfanne erhitzen. Banane schälen, der Länge nach halbieren und von beiden Seiten in der Pfanne ein bis zwei Minuten anbräunen.

4_ Den Porridge mit Bananenhälften, Schokolade und Pekannüssen garnieren und gleich genießen.

Ein ausgesprochen gehaltvoller Smoothie und – mit einer Garnitur aus frischem oder getrocknetem Obst oder Saaten – ein wahrer Augenschmaus!

Smoothie-Bowl
mit Erdbeere und Banane

4 PORTIONEN
ZUBEREITUNG: 10 MINUTEN
KÜHLZEIT: ÜBER NACHT
EINWEICHEN: 10 MINUTEN
RÖSTZEIT: CA. 5 MINUTEN
SCHWIERIGKEITSGRAD: ★

2 **Bananen,** geschält, in Scheiben geschnitten und am Vortag eingefroren
500 g **Erdbeeren,** gewaschen und geputzt
100 ml **Mandeldrink**

Zum Garnieren
50 g **Buchweizen**
1 **Apfel**
1 **Banane**
50 g **Erdbeeren**
Minzeblättchen, nach Geschmack

1_ Bananen, Erdbeeren und Mandeldrink in einem Mixer zu einer glatten Masse pürieren und anschließend in vier Schüsseln füllen.

2_ Buchweizen zehn Minuten in Wasser einweichen. Durch ein Sieb abgießen und etwas trocken tupfen. In einer fettfreien Pfanne anrösten, bis die Körner leicht gebräunt sind, und auf einen Teller geben. Ungeschälten Apfel waschen und in feine Schnitze schneiden, das Kerngehäuse zuvor entfernen. Banane schälen und in Scheiben schneiden. Erdbeeren in einem Sieb abbrausen, putzen und je nach Größe halbieren oder vierteln.

3_ Buchweizen auf den Smoothies verteilen, frisches Obst darauf anrichten und mit Minze bestreut gleich servieren.

Ein Hauch Salz und Chili unterstreichen den Schokoladengeschmack dieser unglaublich cremigen Buchweizen-Mahlzeit.

Schokoladen-Kascha

2 PORTIONEN
EINWEICHZEIT: 12 STUNDEN
ZUBEREITUNG: 20 MINUTEN
KOCHZEIT: 15 MINUTEN
SCHWIERIGKEITSGRAD: ★

175 g gerösteter **Buchweizen** (Kasha)
250 ml **Wasser**
250 ml **Nussdrink**
2 EL **Ahornsirup** oder **Dicksaft** nach Wahl
1 EL natives **Kokosöl**
3 EL ungesüßtes **Kakaopulver**
1 Prise **Chilipulver**
½ TL **Zimtpulver**
½ TL **Vanilleextrakt**
50 g dunkle **Schokolade,** fein gehackt, oder Schokotropfen
1 Prise **Salzflocken**

1_ Buchweizen über Nacht in kaltem Wasser einweichen.

2_ Am nächsten Morgen durch ein Sieb abgießen und in einen Topf füllen. Frisches Wasser, Nussdrink, Ahornsirup, Kokosöl und Kakaopulver hinzufügen.

3_ Aufkochen und dann bei sanfter Hitze eine Viertelstunde köcheln lassen. Dabei regelmäßig umrühren.

4_ Vom Herd nehmen und Gewürze, gehackte Schokolade und Salz dazugeben. Vor dem Servieren etwas eindicken lassen.

5_ Das Kascha lässt sich gut mit frischen oder getrockneten Früchten und Joghurt kombinieren.

Exotik trifft Heimat: Der hübsche rosa Pudding kann schon am Vorabend zubereitet werden – ein echtes Speed-Frühstück.

Chiapudding
mit Himbeeren und Drachenfrucht

2 PORTIONEN
ZUBEREITUNG: 15 MINUTEN
KÜHLZEIT: 2 STUNDEN
SCHWIERIGKEITSGRAD: ★

60 g **Drachenfrucht / Pitahaya**
80 g **Himbeeren**
40 g **Chiasamen**
100 ml **Mandeldrink**
100 ml **Kokosmilch**
1 EL **Ahornsirup** oder **Dicksaft** nach Wahl
1 unbehandelte **Bio-Limette,** Schalenabrieb

Zum Servieren
getrocknete, essbare **Rosenblüten**

1_ Drachenfrucht längs halbieren und das Fruchtfleisch mit einem Löffel herausheben. Mit der Hälfte der Himbeeren pürieren (übrige Himbeeren für die Garnitur beiseite stellen).

2_ Restliche Zutaten in eine Schüssel füllen. Püree hinzufügen und alles gut vermischen. In zwei kleine Gläser füllen und mindestens zwei Stunden abgedeckt kaltstellen.

3_ Direkt vor dem Servieren mit den übrigen Himbeeren und – nach Geschmack – mit Rosenblüten garnieren.

Breakfast Bowl
mit Chai und Quinoa

2 PORTIONEN
ZUBEREITUNG: 15 MINUTEN
KOCHZEIT: 15 MINUTEN
RUHEZEIT: 15 MINUTEN
SCHWIERIGKEITSGRAD: ★

85 g helle **Quinoa**
250 ml **Mandeldrink**
1 Beutel **Chai-Tee**
1 Prise **Salz**
1 TL **Vanilleextrakt**

Zum Servieren
200 ml **Mandeldrink,** auf Raumtemperatur
etwas flüssigen **Honig** (oder Agavensirup)
1 Prise **Zimtpulver**

1_ Quinoakörner mit Wasser in einem Sieb überbrausen.

2_ Mandeldrink, Teebeutel, Salz und Vanille in einem Topf aufkochen. Teebeutel entfernen, Quinoa unterrühren und auf sanfter Hitze ungefähr eine Viertelstunde köcheln, bis die Körner die Flüssigkeit vollständig aufgesogen haben.

3_ Vom Herd nehmen und 15 Minuten ruhen lassen. Abgedeckt kühl stellen oder lauwarm weiterverarbeiten.

4_ Direkt vor dem Servieren vier Esslöffel Quinoa in jede Schüssel füllen. Zimmerwarmen Mandeldrink zugießen, mit flüssigem Honig süßen, mit Zimtpulver würzen und sofort genießen.

TIPP

Gehackte Haselnüsse mit Joghurt und Birnenspalten passen gut dazu.

KAPITEL 4

Fruchtige und nussige Aufstriche

Selbstgemachte Aufstriche aus Früchten, Nüssen, Saaten & Co: Hier bekommt das klassische Frühstücksbrötchen einen geschmackvollen Auftritt in neuem Gewand!

Pekannuss-Aufstrich

FÜR 400 G AUFSTRICH
ZUBEREITUNG: 15 MINUTEN
BACKZEIT: 10 MINUTEN
ABKÜHLEN: CA. 30 MINUTEN
SCHWIERIGKEITSGRAD: ★

375 g **Pekannüsse**
75 g **Muscovado**
30 g ungesüßtes **Kakaopulver**
1 TL **Vanilleextrakt**
1 Prise **Salzflocken**

1_ Backofen auf 170 °C Umluft vorheizen.

2_ Pekannüsse grob hacken und auf einem mit Backpapier belegten Backblech ungefähr zehn Minuten im Backofen rösten. Dabei regelmäßig wenden. Aus dem Backofen nehmen und etwas abkühlen lassen.

3_ Kakaopulver und Muscovado vermischen.

4_ Pekannüsse stoßweise im Mixer pürieren: Sie werden dabei zunächst zu Pulver zermahlen, wandeln sich dann zu einer kompakten Masse und werden nach Freisetzung des Öls schließlich zu einem flüssigen Mus (siehe Seite 76).

5_ Muscovado-Kakao-Mischung, Vanille und Salz hinzufügen und weitere fünf Minuten mixen, bis eine glatte Masse entsteht.

6_ In einem luftdicht schließenden, sauberen Gefäß aufbewahren.

Ihr außergewöhnlicher Geschmack macht diese Konfitüre unwiderstehlich. Deswegen: Keine Verkürzungen bei der Ruhezeit, denn die ist notwendig, damit sich die unterschiedlichen Aromen so wunderbar entfalten können.

Ananas-Mango-Konfitüre

FÜR 600 G KONFITÜRE
ZUBEREITUNG: 15 MINUTEN
RUHEZEIT: 12 STUNDEN
KOCHZEIT: 40 MINUTEN
SCHWIERIGKEITSGRAD: ★

500 g reife **Ananas**
½ **Mango,** ca. 150 g
360 g **Zucker**
1 **Vanillestange,** ausgekratztes Mark
1 Prise **Chilipulver**
1 TL **Ingwerpulver**
2 unbehandelte **Bio-Limetten,** Saft und Schalenabrieb

1_ Früchte schälen, klein würfeln und in eine große Schüssel füllen. Zucker, Vanillemark und Gewürze mit dem Limettensaft und -schalenabrieb untermischen und zwölf Stunden im Kühlschrank abgedeckt ruhen lassen.

2_ Die Mischung in einen großen Topf füllen, aufkochen und anschließend bei sanfter Hitze 40 Minuten köcheln lassen. Dabei regelmäßig umrühren.

3_ Konfitüre heiß in zuvor sterilisierte, hitzebeständige Schraubgläser füllen. Diese schließen, auf den Kopf stellen und abkühlen lassen.

Diese Konfitüre erinnert mich immer an meinen Blog, den ich 2012 gestartet habe. Damals suchte ich nach einem Namen, der kulinarische Assoziationen weckt. Mir kamen Ideen wie Roquefort-Birne (was irgendwie nicht sehr glamourös klang), aber letztendlich habe ich mich für Erdbeere & Basilikum, Fraise & Basilic, entschieden.

Erdbeer-Basilikum-Konfitüre

FÜR 500 G KONFITÜRE
ZUBEREITUNG: 10 MINUTEN
RUHEZEIT: 12 STUNDEN
KOCHZEIT: 30 MINUTEN
SCHWIERIGKEITSGRAD: ★

400 g **Erdbeeren**
1 Bund **Basilikum**
1 **Zitrone,** frisch gepresster Saft
200 g **Gelierzucker** 2:1

1_ Erdbeeren in einem Sieb abbrausen, Grün entfernen und Beeren anschließend vierteln. Basilikum waschen und trocken schütteln.

2_ Erdbeerstücke in eine große Schüssel füllen. Zitronensaft, Gelierzucker und Basilikum am Stück hinzufügen. Abdecken und über Nacht ziehen lassen.

3_ Die Mischung am nächsten Tag bei starker Hitze zehn Minuten in einem Topf kochen, dabei immer wieder umrühren. Dann auf sanfter Hitze weitere zwanzig Minuten köcheln lassen.

4_ Basilikum entfernen und Konfitüre anschließend mit einem Stabmixer pürieren.

5_ Konfitüre noch heiß in zuvor sterilisierte, hitzebeständige Schraubgläser füllen. Diese schließen, auf den Kopf stellen und abkühlen lassen.

610
MÉTAL
LOMBART PARIS
TABLETTES AU CHOCOLAT
INTÉRIEUR CRÈME, NOUGAT, NOUGATINE

Diesem Cashew-Mandel-Mus kann keiner widerstehen. Wenn man nur ein Rezept aus diesem Buch ausprobieren könnte, dann würde ich dieses wählen. Die Mengenangaben am besten gleich verdoppeln, sonst steht man ganz schnell wieder ohne da!

Cashew-Mandel-Mus

FÜR 300 G MUS
ZUBEREITUNG: 15 MINUTEN
BACKZEIT: 10 MINUTEN
ABKÜHLEN: CA. 15 MINUTEN
SCHWIERIGKEITSGRAD: ★

150 g **Cashewkerne**
150 g **Mandeln**
1 TL **Vanilleextrakt**
1 TL **Ahornsirup** oder **Blütenhonig**
1 Prise **Salzflocken**

1_ Backofen auf 170 °C Umluft vorheizen.

2_ Cashewkerne und Mandeln auf einem mit Backpapier belegten Backblech ungefähr zehn Minuten im Backofen rösten. Dabei regelmäßig wenden.

3_ Etwas abkühlen lassen und dann beides mit Vanille und Ahornsirup stoßweise ungefähr zehn Minuten in einem Mixer pürieren, bis das ganze Öl freigesetzt und die Mischung flüssig ist.

4_ Salz hinzufügen und weitere 30 Sekunden pürieren.

5_ Das Mus lichtgeschützt in einem gut schließenden, sauberen Glasgefäß aufbewahren.

SCHRITT FÜR SCHRITT

Mus aus Nüssen und Saaten herstellen

1_ Nüsse oder Saaten bei schwacher Hitze ungefähr zehn Minuten in einer Pfanne oder im Backofen anrösten, sie dürfen keinesfalls zu dunkel werden. Anschließend auf einem Teller abkühlen lassen.

2_ In einem Hochleistungsmixer stoßweise drei Minuten pürieren. Die Nüsse oder Saaten werden dabei zunächst zu Pulver zermahlen und wandeln sich dann zu einer kompakten Masse.

3_ Es ist wichtig, beim Pürieren immer wieder Pausen einzulegen, um den Mixer nicht zu überlasten. Solange pürieren, bis ein glattes, flüssiges Mus entsteht. Ist die Masse zu fest, etwas Öl hinzufügen. Sesamöl verstärkt zum Beispiel den Geschmack von Sesam und macht das Mus gleichzeitig flüssiger.

4_ Mus nach Belieben süßen. Dafür sind besonders flüssige Süßungsmittel geeignet (wie Honig, Agavensirup oder Dicksäfte), da sie sich leichter untermischen lassen.

5_ Lichtgeschützt und in geschlossenen Gefäßen halten sich solche Muse lange Zeit außerhalb des Kühlschranks. Wenn sich darauf eine Ölschicht bildet, vor dem Verzehr einfach unterrühren.

Für Variationen der köstlichen Muse sind der Fantasie keine Grenzen gesetzt, zum Beispiel mit Trockenfrüchten. Die Vorschläge in diesem Buch lassen sich mit allen Nüssen und Saaten umsetzen: mit Haselnüssen, Macadamianüssen, Erdnüssen, Sesam, Sonnenblumenkernen, Pistazien …

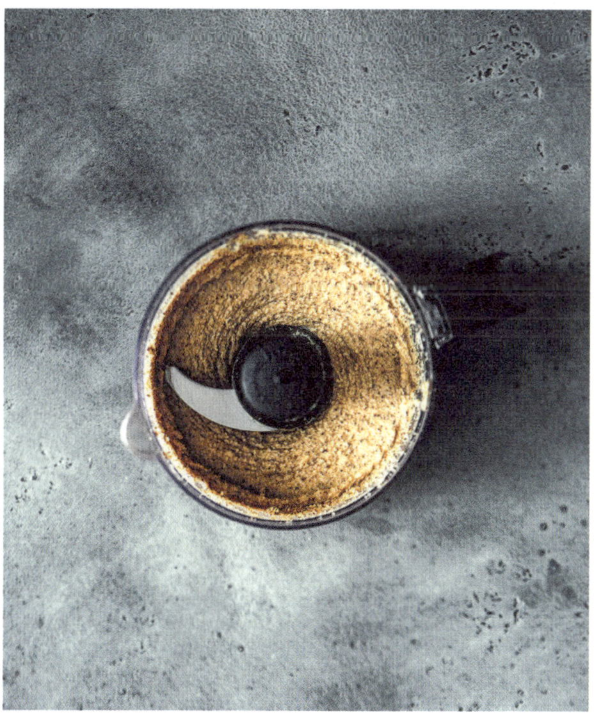

WECK

Chiasamen können, in Flüssigkeit eingeweicht, als Geliermittel dienen – sie geben einem Fruchtaufstrich seine Konsistenz und sind eine gute Alternative, wenn es schnell gehen und nicht so süß werden soll.

Himbeer-Kardamom-Blitzkonfitüre

FÜR 350 G KONFITÜRE
ZUBEREITUNG: 10 MINUTEN
KOCHZEIT: 10 MINUTEN
RUHEZEIT: 10 MINUTEN
SCHWIERIGKEITSGRAD: ★

250 g **Himbeeren**
40 g **Zucker**
½ TL gemahlener **Kardamom**
60 ml **Wasser**
2 EL **Chiasamen**

1_ Himbeeren, Zucker, Kardamom und Wasser in einem kleinen Topf bei mittlerer Hitze zehn Minuten lang erhitzen.

2_ Vom Herd nehmen und Chiasamen hinzufügen. Anschließend ungefähr zehn Minuten ruhen lassen und dann in saubere Glasgefäße füllen.

3_ Beim Abkühlen dickt die Chia-Konfitüre ein. Falls die Mischung noch zu flüssig ist, einfach mehr Chiasamen hinzufügen.

Tipp

Die schnelle Chia-Konfitüre ist im Kühlschrank ungefähr zwei Wochen haltbar.

Schoko-Haselnuss-Mus

FÜR 500 G MUS
ZUBEREITUNG: 15 MINUTEN
BACKZEIT: 10 MINUTEN
ABKÜHLEN: CA. 10 MINUTEN
SCHWIERIGKEITSGRAD: *

450 g **Haselnüsse**
130 g **Milchschokolade**
3 EL neutrales **Öl**, z. B. Traubenkernöl
1 Prise **Salzflocken**

1_ Backofen auf 170 °C Umluft vorheizen.

2_ Haselnüsse auf einem mit Backpapier belegten Backblech zehn Minuten im Backofen rösten. Dabei regelmäßig wenden. Aus dem Backofen nehmen und etwas Minuten abkühlen lassen.

3_ Währenddessen Schokolade über einem heißen Wasserbad schmelzen. Anschließend zur Seite stellen.

4_ Haselnüsse im Mixer stoßweise zu einer glatten Masse pürieren. Geschmolzene Schokolade, Öl und Salz hinzufügen und ein paar Sekunden im Mixer vollständig einarbeiten (siehe Seite 76).

5_ Das Mus lichtgeschützt einem gut schließenden, sauberen Gefäß aufbewahren.

Tipp

Für dieses Rezept sind Piemonteser Haselnüsse der Sorte Tonda gentile besonders geeignet. Sie gelten als die besten Haselnüsse der Welt.

KAPITEL 5

Frisch aus dem Ofen: Kleingebäck und Brote

Buttrige Brioches, fluffiges Bananenbrot,
kleine Donuts, fruchtige Muffins …
Manchmal darf das Frühstück auch zum Brunch werden!

Brioches-Knoten
mit Nougat

12 BRIOCHES
ZUBEREITUNG: 50 MINUTEN
GEHZEIT: 2 STUNDEN + 1 STUNDE
RUHEZEIT: 12 STUNDEN
BACKZEIT: 15 MINUTEN
SCHWIERIGKEITSGRAD: ★ ★

Teig
60 ml **Milch,** lauwarm
15 g **Frischhefe**
280 g **Weizenmehl,** Type 405 oder 550
40 g **Zucker**
½ TL **Salz**
1 ganzes **Ei** + 1 **Eigelb**
2 unbehandelte **Bio-Zitronen,** Schalenabrieb
100 g **Butter,** in Würfeln

Zum Bestreichen
4 EL **Nussnougatcreme**
1 **Ei**
2 EL **Milch**

1_ Zerbröckelte Hefe in der Milch etwas quellen lassen und abgedeckt zehn Minuten ruhen lassen. Dann die Hefemilch verquirlen.

2_ Mehl, Zucker und Salz in eine Schüssel füllen. Hefemilch, Eier und Zitronenschale hinzufügen und etwa zehn Minuten langsam zu einem glatten Teig kneten. Dann Butter vollständig einarbeiten.

3_ Teig abdecken und bei Zimmertemperatur ungefähr zwei Stunden gehen lassen. Anschließend rasch durchkneten, dreimal falten, abdecken und über Nacht kühl stellen.

4_ Am nächsten Tag den Teig aus dem Kühlschrank nehmen und offen etwa 30 Minuten ruhen lassen. Teig zu einem ca. 40 × 30 cm großen Rechteck ausrollen. Mit Nougatcreme bestreichen und von der langen Seite dreimal einschlagen.

5_ Teigstrang mit einem Messer in zwölf gleichgroße Stücke schneiden. Diese jeweils etwas in die Länge ziehen, gleichzeitig verdrehen und einen Knoten daraus formen. Mit Abstand auf ein mit Backpapier belegtes Backblech setzen. Ei und Milch verquirlen, Brioches-Knoten damit streichen. Eine halbe Stunde ruhen lassen.

6_ Backofen auf 170 °C Umluft vorheizen. Brioches noch einmal mit der Mischung bestreichen und 15 Minuten backen.

Bananenbrot

6 PORTIONEN
ZUBEREITUNG 20 MINUTEN
BACKZEIT: 1 STUNDE
SCHWIERIGKEITSGRAD: ★

80 g **Butter,** zimmerwarm
75 g **Rohrohrzucker**
75 g **Zucker**
2 große **Eier**
4 reife **Bananen**
1 TL **Vanilleextrakt**
100 g **Weizenmehl,** Type 405 oder 550, alternativ Dinkelmehl, Type 630
90 g gemahlene **Haselnüsse**
½ Pck **Backpulver**
1 Prise **Salz**
100 g **Schokotropfen**
Butter und **Mehl** für die Form
20 g gehackte **Haselnüsse**

1 KASTENFORM 24 × 10 CM

1_ Backofen auf 180 °C Umluft vorheizen.

2_ Butter und beide Zucker hell schaumig schlagen und Ei unterrühren. Bananen schälen und drei davon mit einer Gabel zerdrücken. Restliche Banane beiseite stelle. Bananenmus und Vanilleextrakt in die Buttermischung rühren.

3_ Mehl mit gemahlenen Haselnüssen, Backpulver und Salz vermischen. Zur Bananenmischung geben und zu einem glatten Teig vermengen. Anschließend Schokotropfen einarbeiten.

4_ Teig in die gefettete und bemehlte Kastenform füllen.

5_ Übrige Banane der Länge nach halbieren und mit der Schnittfläche nach oben auf den Teig legen. Mit gehackten Haselnüssen bestreuen und das Bananenbrot eine Stunde backen.

6_ Aus dem Ofen nehmen und in der Form abkühlen lassen. Dann auf eine Platte stürzen.

Karotten-Muffins

12 KLEINE MUFFINS
ZUBEREITUNG: 30 MINUTEN
BACKZEIT: CA. 25 MINUTEN
SCHWIERIGKEITSGRAD: ★

2 **Karotten**
20 g **Pekannüsse**
60 g **Butter,** zimmerwarm
70 g **Rübenzucker**
½ TL **Viergewürz** (französische Gewürzmischung Quatre épices)
1 unbehandelte **Bio-Orange,** Schalenabrieb
1 unbehandelte **Bio-Limette,** Schalenabrieb
1 Prise **Salz**
2 **Eier**
100 g **Weizenmehl,** Type 405, alternativ Dinkelmehl, Type 630
50 g gemahlene **Mandeln**
½ Pck **Backpulver**
Butter und **Mehl** für die Form

1 MUFFINFORM
FÜR 12 KLEINE MUFFINS

1_ Backofen auf 190 °C Ober-/Unterhitze vorheizen.

2_ Karotten schälen, fein reiben und durch ein sauberes Tuch pressen, um überschüssige Flüssigkeit zu entfernen. Pekannüsse grob hacken.

3_ Weiche Butter in einer großen Schüssel mit Rübenzucker, Gewürz, beiden Schalenabrieben sowie Salz vermischen. Ein Ei nach dem anderen hinzugeben und jedes Mal gut einarbeiten.

4_ Mehl, gemahlene Mandeln, Backpulver und geriebene Karotten untermischen. Gefettete und bemehlte Muffinmulden mit Teig jeweils ¾ hoch füllen und grobgehackte Pekannüsse darauflegen. Muffins ca. 25 Minuten in der Ofenmitte backen (Stäbchentest machen). Danach aus der Form nehmen und auf einem Gitter abkühlen lassen.

Tipp

Toll schmecken die Muffins mit einem Tupfer Vanille-Schlagsahne und mit Würfeln von Fruchtmarkgelee!

Backen ist kein Hexenwerk! Man muss sich nur genau ans Rezept halten. Und für diese Babkas gibt es auf Seite 92 eine Schritt-für-Schritt-Anleitung mit Bildern.

Babkas
mit Sesam und Schokolade

8 BABKAS
ZUBEREITUNG: 50 MINUTEN
GEHZEIT: 2 STUNDEN
+ 90 MINUTEN
RUHEZEIT: 12 STUNDEN
BACKZEIT: 15 MINUTEN
SCHWIERIGKEITSGRAD: ★ ★

Teig
60 ml **Milch**
15 g frische **Hefe**
280 g **Weizenmehl,** Type 405 oder 550
40 g **Zucker**
½ TL **Salz**
1 ganzes **Ei** + 1 **Eigelb**
100 g **Butter,** in Würfeln

weiter auf Seite 92

1_ Die zerbröckelte Hefe in der Milch quellen lassen und abgedeckt zehn Minuten ruhen lassen. Dann die Hefemilch verquirlen.

2_ Mehl, Zucker und Salz in eine Schüssel füllen. Hefemilch und Eier hinzufügen und etwa zehn Minuten langsam zu einem glatten Teig kneten. Butter anschließend vollständig einarbeiten.

3_ Teig abdecken und bei Zimmertemperatur ungefähr zwei Stunden gehen lassen. Anschließend rasch durchkneten, dreimal falten, abdecken und über Nacht kühl stellen.

4_ Am nächsten Tag Teig aus dem Kühlschrank nehmen und offen etwa 30 Minuten ruhen lassen. Danach in acht gleichgroße Stücke teilen und zu Kugeln formen.

Babkas füllen und formen

Füllung
3 EL **Tahin**, mit etwas Wasser verdünnt
50 g **Rohrohrzucker**
35 g ungesüßtes **Kakaopulver**

Zum Bestreichen
1 **Ei** und 2 EL **Milch**

Zum Bestreuen
Sesamsaat

5_ Flüssiges Tahin mit Zucker und Kakao vermischen.

6_ Teiglinge einzeln zu Rechtecken ausrollen, Füllung darauf verstreichen. Rechtecke anschließend von der Längsseite aufrollen.

7_ Eine Rolle längs halbieren und beide Teigstränge zu einem Zopf flechten. Diese dann zu einem Kranz verbinden und an den Enden festdrücken. Kranz auf ein mit Backpapier belegtes Backblech legen. Restliche Teiglinge ebenso verarbeiten.

8_ Ei und Milch schaumig schlagen. Kränze damit bestreichen. Anschließend abgedeckt ungefähr eine Stunde bei Zimmertemperatur ruhen lassen.

9_ Backofen auf 175 °C Umluft vorheizen. Kränze erneut mit der Milch-Ei-Mischung bestreichen, mit Sesam bestreuen und ca. 15 Minuten im Ofen backen.

Birnen-Kuchen
mit Haselnüssen

6 PORTIONEN
ZUBEREITUNG: 20 MINUTEN
BACKZEIT: 40 MINUTEN
ABKÜHLEN: 10 MINUTEN
SCHWIERIGKEITSGRAD: ★

200 g **Butter**
170 g **Weizenmehl,**
Type 405 oder 550
160 g gemahlene **Haselnüsse**
½ Pck **Trockenhefe**
1 Prise **Salz**
3 große **Eier**
180 g **Zucker**
150 ml **Haselnussdrink**
1 unbehandelte **Bio-Zitrone,**
Schalenabrieb
3 **Birnen**
1 Handvoll gehackte **Haselnüsse**
Butter für die Form

1 RUNDE KUCHENFORM, 24 CM Ø

1_ Backofen auf 185 °C Umluft vorheizen.

2_ Butter in einem Topf schmelzen. Mehl, gemahlene Haselnüsse, Hefe und Salz vermischen.

3_ Eier und Zucker hell schaumig schlagen. Geschmolzene Butter und Haselnussdrink unterrühren. Trockenzutaten und Zitronenschale hinzufügen und alles zu einem glatten Teig vermengen.

4_ Gefettete Kuchenform zu ¾ mit dem Teig füllen. Birnen waschen, halbieren und Kerngehäuse entfernen. Obst in feine Spalten schneiden und dekorativ auf den Teig legen. Anschließend gehackte Haselnüsse darüber verteilen.

5_ Kuchen in der Ofenmitte 40 Minuten backen und zehn Minuten in der Form abkühlen lassen.

6_ Aus der Form nehmen und noch warm servieren.

Arme Ritter
mit Rhabarber und Erdbeeren

4 PORTIONEN
ZUBEREITUNG: 25 MINUTEN
KOCHZEIT: CA. 20 MINUTEN
BRATZEIT: CA. 8 MINUTEN
SCHWIERIGKEITSGRAD: ★

150 g **Erdbeeren**
80 g **Puderzucker**
100 ml **Wasser**
1 TL **Vanilleextrakt**
3 Stangen **Rhabarber**
20 g **Butter**
8 dicke **Brioche-Scheiben,** z. B. vom Vortag, alternativ Weißbrot oder Hefezopfscheiben

Tipp

Mit den Früchten aus dem Sieb z. B. Joghurt oder Quark anrühren.

1_ Erdbeeren waschen und Grün entfernen. 50 g Erdbeeren beiseitestellen, restliche in Stücke schneiden. Mit Zucker, Vanille und Wasser in einen Topf füllen und aufkochen. Bei sanfter Hitze ungefähr 15 Minuten köcheln lassen, bis die Mischung einzudicken beginnt. Danach durch ein Sieb in einen Topf abgießen.

2_ Rhabarber schälen und in Stücke schneiden.

3_ Erdbeersirup aufkochen, Hitze reduzieren und Rhabarber darin bei sanfter Hitze ungefähr fünf Minuten pochieren. Rhabarber abtropfen lassen und Sirup aufbewahren.

4_ Butter in einer Pfanne erhitzen. Brioche-Scheiben kurz im Sirup einweichen, dann in der Butter ein bis zwei Minuten von beiden Seiten anbräunen.

5_ Mit pochiertem Rhabarber und ein paar halbierten Erdbeeren anrichten. Vor dem Servieren mit dem restlichen Sirup übergießen.

Wenn ich groß bin, werd' ich ein Donut!

12 MINI-DONUTS
ZUBEREITUNG: 20 MINUTEN
BACKZEIT: CA. 12 MINUTEN
ABKÜHLEN: CA. 10 MINUTEN
SCHWIERIGKEITSGRAD: ★

170 g **Weizenmehl,** Type 405 oder 550
45 g **Haferflocken**
1 Prise **Salz**
½ Pck **Backpulver**
280 ml **Mandeldrink**
1 ½ **Bananen,** geschält
70 g **Mandelmus**
3 EL **Ahornsirup** oder **Dicksaft** nach Wahl
70 g dunkle **Schokotropfen**
Butter für die Form

1 DONUTBLECH FÜR 12 DONUTS MIT CA. 8 CM FORM-Ø

1_ Backofen auf 190 °C Umluft vorheizen.

2_ Mehl, Haferflocken, Salz und Backpulver vermischen. Mandeldrink unterrühren.

3_ Bananen mit einer Gabel zerdrücken und mit Mandelmus zu den trockenen Zutaten geben und gründlich vermengen. Anschließend Schokotropfen untermengen.

4_ Gefettete Donutmulden jeweils ¾ hoch mit Teig füllen. In der Ofenmitte 10–15 Minuten backen.

5_ Ungefähr zehn Minuten abkühlen lassen und dann aus der Form nehmen.

Tipps

Naschkatzen können die Donuts mit Schokolade überziehen: Einfach 150 g dunkle Kuvertüre mit 70 g Butter in einem kleinen Topf sanft erhitzen und die Donuts damit bestreichen. Die noch feuchte Glasur mit angerösteten Haferflocken oder Schokosplittern bestreuen.

Dieses köstliche Gebäck nennt sich Kokosbrot, aber eigentlich ist es ein Kokoskuchen. Am besten schmeckt er in Scheiben geschnitten und dick mit Konfitüre bestrichen.

Kokosbrot

6 PORTIONEN
ZUBEREITUNG: 20 MINUTEN
RUHEZEIT: 10 MINUTEN
BACKZEIT: 1 STUNDE
SCHWIERIGKEITSGRAD: ★

300 ml **Kokosmilch**
150 g feine **Kokosraspel**
80 g **Butter,** zimmerwarm
200 g **Puderzucker**
2 große **Eier**
1 TL **Vanilleextrakt**
300 g **Weizenmehl,**
Type 405 oder 550
½ Pck **Backpulver**
Butter und **Mehl** für die Form

1 KASTENFORM, 24 × 10 CM

1_ Backofen auf 180 °C Umluft vorheizen.

2_ Kokosmilch erhitzen und Kokosraspel hinzufügen. Topf vom Herd nehmen und abgedeckt zehn Minuten quellen lassen.

3_ Weiche Butter und Zucker hell schaumig schlagen. Ein Ei nach dem anderen einarbeiten, dann gequollene Kokosraspel, Vanille, Mehl und Backpulver zügig unterrühren.

4_ In eine gefettete und bemehlte Kastenform füllen und eine Stunde in der Ofenmitte backen.

5_ Ein paar Minuten abkühlen lassen und dann aus der Form nehmen.

Süße Focaccia
mit Aprikosen und Thymian

6 PORTIONEN
ZUBEREITUNG: 20 MINUTEN
GEHZEIT: 1 STUNDE + 30 MINUTEN
BACKZEIT: 20 MINUTEN
SCHWIERIGKEITSGRAD: ★

10 g **Frischhefe,** ca. ¼ Würfel
140 ml **Wasser,** lauwarm
250 g **Weizenmehl,** nach Geschmack Tipo 00 (Pizzamehl) oder Type 550
½ TL **Salz**
40 g **Zucker**
1 **Vanillestange**
Olivenöl
60 g **Frischkäse**
20 ml **Sahne**
4 **Aprikosen**
2 EL **Rohrohrzucker**
einige **Thymianzweige**
1 Handvoll **Mandelblättchen**

1 TARTEFORM, 25 CM Ø

1_ Hefe zerbröckeln und in lauwarmes Wasser geben. Zucker hinzufügen und zehn Minuten abgedeckt ruhen lassen. Hefewasser danach verquirlen.

2_ Mehl, Salz, Zucker und Vanillemark in die Schüssel einer Küchenmaschine füllen. Hefemischung und 2 EL Olivenöl hinzufügen. Alles gut verkneten, bis sich der Teig von der Schüsselwand löst.

3_ Teig zu einer Kugel formen, mit Olivenöl leicht einölen und in eine Schüssel legen. Mit einem Küchentuch abdecken und mindestens eine Stunde an einem warmen, zugfreien Ort gehen lassen.

4_ Sobald der Teig sein Volumen verdreifacht hat, in der leicht geölten Tarteform gleichmäßig verteilen und abgedeckt 30 Minuten gehen lassen.

5_ Backofen auf 180 °C Umluft vorheizen.

6_ Frischkäse mit Sahne glattrühren. Aprikosen entsteinen und vierteln oder achteln.

7_ Frischkäsemischung auf dem Teig verstreichen und mit Aprikosenstücken belegen. Mit Zucker bestreuen, mit Thymianzweigen und Mandelblättchen garnieren. Focaccia im Ofen 20–25 Minuten backen. Noch warm servieren.

Schöne Grüße aus Italien: Eine süße Focaccia wird überraschen, aber dieses vom Zuckerkuchen inspirierte Rezept ist für sonnenverwöhnte Früchte einfach wie geschaffen. Es schmeckt auch köstlich mit Nektarinen, Brombeeren oder Kirschen!

Müsli-Topfbrot

1 BROT
ZUBEREITUNG: 30 MINUTEN
GEHZEIT: 2 STUNDEN + 1½ STUNDEN
BACKZEIT: 45 MINUTEN
SCHWIERIGKEITSGRAD: ★

1 Pck **Trockenhefe**
350 ml **Wasser,** lauwarm
350 g **Weizenmehl,** Type 550
150 g **Roggenmehl,** Type 1150, alternativ Vollkornmehl
1½ TL **Salz**
50 g gehackte **Mandeln**
25 g **Rosinen**
25 g **Cranberrys**
25 g **Leinsamen**
etwas **Mehl** zum Formen

1 GUSSEISERNER BROTBACK- ODER SCHMORTOPF MIT DECKEL, 20 CM Ø

1_ Trockenhefe im lauwarmen Wasser auflösen und zehn Minuten abgedeckt ruhen lassen.

2_ Beide Mehle und Salz in den Behälter einer Küchenmaschine füllen. Hefewasser hinzufügen und solange kneten, bis eine glatte Teigkugel entsteht, die sich vom Schüsselrand löst. Abdecken und zwei Stunden gehen lassen, bis der Teig sein Volumen verdoppelt hat.

3_ Dann Saaten und Trockenfrüchte gut in den Teig einarbeiten.

4_ Teigling auf eine bemehlte Arbeitsfläche legen, zu einer Kugel formen und diese auf Backpapier legen. Teigkugel mitsamt Backpapier in den gusseisernen Topf setzen.

5_ Teigling über Kreuz einschneiden, abdecken und 90 Minuten gehen lassen, bis er sein Volumen nochmals verdoppelt hat.

6_ Backofen auf 220 °C Umluft vorheizen.

7_ Im geschlossenen Topf 40 Minuten auf der zweiten Schiene von unten backen. Dann Deckel abnehmen und noch fünf Minuten offen fertig backen.

8_ Brot aus dem Topf nehmen und auf einem Gitter abkühlen lassen.

Mandarinen-Brioche

6 PORTIONEN
ZUBEREITUNG: 20 MINUTEN
GEHZEIT: 2 STUNDEN + 1 STUNDE
RUHEZEIT: ÜBER NACHT
BACKZEIT: 30 MINUTEN
SCHWIERIGKEITSGRAD: ★ ★

80 ml **Milch**
20 g **Frischhefe**
375 g **Weizenmehl,** Type 405 oder 550
50 g **Zucker**
½ TL **Salz**
2 ganze **Eier** + 1 **Eigelb**
2 unbehandelte **Bio-Mandarinen,** Schalenabrieb
140 g **Butter,** in Würfel geschnitten, zimmerwarm
20 g **Butter,** geschmolzen
etwas **Butter** und **Mehl** für die Form

Zum Bestreichen
1 **Ei** und 2 EL **Milch**

1 KASTENFORM, 24 × 10 CM

1_ Zerbröckelte Hefe in lauwarmer Milch quellen lassen und abgedeckt zehn Minuten ruhen lassen. Danach Hefemilch verquirlen.

2_ Mehl, Zucker und Salz in eine Schüssel füllen. Hefemilch, Eier und Mandarinenschale hinzufügen und ungefähr zehn Minuten langsam zu einem glatten Teig kneten. Anschließend Butterwürfel vollständig in den Teig einarbeiten.

3_ Teig abdecken und bei Zimmertemperatur etwa zwei Stunden gehen lassen. Anschließend aus der Schüssel nehmen, rasch durchkneten, dreimal falten, zu einem Rechteck formen und abgedeckt über Nacht kühl stellen.

4_ Am nächsten Tag aus dem Kühlschrank holen und ca. 30 Minuten offen ruhen lassen. Danach in vier gleich große Teiglinge teilen und jeden zu einer Kugel formen (rundschleifen).

5_ Jede Kugel knapp von einer Seite in geschmolzene Butter tauchen und mit der Butterseite nach unten dicht an dicht in die gefettete und bemehlte Kastenform setzen. Ei mit Milch verquirlen und Brioche damit bestreichen. Nochmals eine Stunde abgedeckt bei Zimmertemperatur gehen lassen.

6_ Backofen auf 175 °C Umluft vorheizen. Brioche mit restlicher Eiermilch bestreichen und 30 Minuten in der Ofenmitte backen. Kurz abkühlen lassen und dann aus der Form nehmen.

Haferflocken-Muffins
mit Himbeeren

12 MUFFINS
ZUBEREITUNG: 20 MINUTEN
BACKZEIT: 25 MINUTEN
SCHWIERIGKEITSGRAD: ★

175 g **Butter,** zimmerwarm
150 g **Rohrohrzucker**
3 **Eier**
50 ml **Apfelsaft**
90 g **Crème double**
200 g **Weizenmehl,**
Type 405 oder 550
70 g gemahlene **Mandeln**
1 Pck **Backpulver**
1 Prise **Salz**
100 g frische **Himbeeren**
1 Handvoll **Vollkorn-Haferflocken**

2 GROSSE MUFFINFORMEN
FÜR 6 MUFFINS

1_ Backofen auf 180 °C Ober-/Unterhitze vorheizen.

2_ Weiche Butter und Rohrohrzucker mit der Küchenmaschine drei bis vier Minuten hell schaumig schlagen.

3_ Eier einzeln hinzufügen und jedes Mal gut einarbeiten. Apfelsaft und Crème double gründlich unterrühren.

4_ Mehl, gemahlene Mandeln, Backpulver und Salz rasch einarbeiten, bis ein glatter Teig entsteht. Die Hälfte der Himbeeren zügig unterheben.

5_ Teig in gefettete, bemehlte Muffinformen oder in Papierförmchen füllen und jeden Muffin mit ein oder zwei Himbeeren und ein paar Haferflocken garnieren.

6_ Muffins 25 Minuten in der Ofenmitte backen, abkühlen lassen und dann aus der Form nehmen.

KAPITEL 6

Gesund naschen: Energiekugeln

Noch ein kleines bisschen hungrig? Wie wäre es mit diesen mundgerechten Energiebällchen? Sie sind gluten- und zuckerfrei und schmecken so was von köstlich!

Der volle Geschmack eines weichen, süßen Karottenkuchens in einer einzigen Kugel ... Energie pur!

Karottenkuchen-Energiekugeln

12 KUGELN
ZUBEREITUNG: 15 MINUTEN
KÜHLZEIT: 10 MINUTEN
SCHWIERIGKEITSGRAD: ★

75 g große weiche **Datteln** ohne Stein, z. B. Medjool
90 g **Pekannüsse**
1 Prise **Salzflocken**
½ TL **Vanilleextrakt**
4 EL gemahlene **Mandeln**
½ TL **Viergewürz** (französische Gewürzmischung Quatre épices)
40 g **Karotten**, geschält und fein gerieben
1 unbehandelte **Bio-Orange**, Schalenabrieb
1 unbehandelte **Bio-Limette**, Schalenabrieb
30 g **Kokosraspeln**

1_ Datteln in einem Standmixer pürieren, in eine Schüssel geben und zur Seite stellen. Mixerbehälter spülen und gut abtrocknen.

2_ Pekannüsse, Salz, Vanille, gemahlene Mandeln und Gewürzmischung im Mixer zu einem feinen Pulver verarbeiten.

3_ Dattelmus, Karotten und Schalenabriebe hinzufügen und für ein paar Sekunden im Mixer zu einer gleichmäßigen Masse verarbeiten.

4_ Kleine Teigmengen zwischen den Handflächen zu Kugeln rollen. Zehn Minuten abgedeckt in den Kühlschrank stellen und anschließend in Kokosraspeln wälzen.

Tipps

Um möglichst gleichgroße Kugeln zu erhalten, mit Hilfe eines Teelöffels portionieren. Die klebrige Masse lässt sich leichter zu Kugeln formen, wenn zuvor die Handflächen mit etwas Wasser befeuchtet wurden.

Heidelbeer-Zitronen-Bällchen

12 BÄLLCHEN
ZUBEREITUNG: 10 MINUTEN
KÜHLZEIT: 30 MINUTEN
SCHWIERIGKEITSGRAD: ★

70 g **Heidelbeeren**
12 weiche **Datteln** ohne Stein
30 g **Mandeln,** abgezogen
1 unbehandelte **Bio-Zitrone,** Schalenabrieb und Saft
90 g **Haferflocken**

1_ Heidelbeeren, Datteln, Mandeln, Zitronensaft und -schale in einem Standmixer pürieren, bis die Datteln zu Mus geworden sind.

2_ Dann Haferflocken hinzufügen und weitermixen, bis eine leicht klebrige Masse entsteht.

3_ Teig 30 Minuten abgedeckt im Kühlschrank kaltstellen und zwischen den Handflächen kleine Kugeln formen. Abgedeckt im Kühlschrank aufbewahren.

Wer die Sesam-Babkas von Seite 91 liebt, wird auch dem Charme dieser kleinen kugeligen Köstlichkeiten mit dem Schokolade-Tahin-Geschmack nicht widerstehen können.

Schoko-Tahin-Kugeln

12 KUGELN
ZUBEREITUNG: 10 MINUTEN
KÜHLZEIT: 10 MINUTEN
SCHWIERIGKEITSGRAD: ★

130 g feine **Kokosraspeln**
150 g gemahlene **Mandeln**
70 g **Tahin**
20 g ungesüßtes **Kakaopulver**
1 Prise **Salzflocken**
4 große, weiche **Datteln** ohne Stein, z. B. Medjool, oder 8 kleine Datteln
10 g helle **Sesamsaat**

1_ Alle Zutaten bis auf Sesam in einem Standmixer zu einer glatten Masse pürieren.

2_ Masse zehn Minuten abgedeckt in den Kühlschrank stellen, damit sie nicht mehr so klebrig ist.

3_ Kleine Teigmengen zwischen den vorab leicht befeuchteten Handflächen zu Kugeln formen. In Sesam wälzen und abgedeckt kühl aufbewahren.

Wie wäre es mal mit superfruchtigen Energiewürfeln?

Energiewürfel
mit Mango und Papaya

20 WÜRFEL
ZUBEREITUNG: 5 MINUTEN
EINWEICHZEIT: 20 MINUTEN
KÜHLZEIT: 30 MINUTEN
SCHWIERIGKEITSGRAD: ★

100 g getrocknete **Mango**
100 g getrocknete **Papaya**
120 g **Cashewkerne**
30 g **Kokosraspel**
1 EL natives **Kokosöl**

1 QUADRATISCHE KÄLTE-BESTÄNDIGE FORM, 20 × 20 CM

1_ Mango, Papaya und Cashewkerne in einer großen Schüssel zwanzig Minuten in etwas Wasser einweichen. Anschließend in einem Sieb abtropfen lassen.

2_ Mangos und Papayas in kleine Stücke schneiden und mit Cashewkernen, der Hälfte der Kokosraspel und Kokosöl in einem Standmixer pürieren, bis eine leicht klebrige Masse entsteht.

3_ Teig in eine quadratische Form pressen und mindestens 30 Minuten ins Tiefkühlfach stellen.

4_ Anschließend in kleine Würfel schneiden und in den restlichen Kokosraspeln wälzen. Im Kühlschrank aufbewahren.

Die Kombination von Zitrone und Haselnuss mag erstaunen, aber sie funktioniert ganz hervorragend. Zum Beispiel in diesem Rezept, das kleine morgendliche Hungerattacken – ob zu Hause oder unterwegs – bekämpfen hilft.

Energiebällchen
mit Zitrone und Haselnüssen

12 KUGELN
ZUBEREITUNG: 10 MINUTEN
SCHWIERIGKEITSGRAD: ★

2 EL **Haferflocken**
6 weiche **Trockenaprikosen**
8 weiche **Datteln** ohne Stein
30 g **Haselnüsse**
1 EL **Chiasamen**
1 unbehandelte **Bio-Zitrone,** Schalenabrieb
3 EL **Haselnussnougat**
1 Prise **Salz**

1_ Alle Zutaten in einem Standmixer zu einer glatten Masse pürieren.

2_ Zwischen den Handflächen kleine, gleichmäßige Kugeln formen.

3_ Kugeln in einem luftdichten Gefäß kühl aufbewahren.

Tipps

Die Zitronenschale kann auch durch Clementinen- oder Orangenschale ersetzt werden und das Haselnussnougat durch Erdnussbutter – alle Varianten sind gleichermaßen köstlich!

KAPITEL 7

Frisch aus der Pfanne: Pfannkuchen, Pancakes und Crêpes

Die beliebten Crêpes, Pfannkuchen und Pancakes sind einfach in der Herstellung, unwiderstehlich lecker, im Handumdrehen zubereitet und lassen sich beliebig variieren: von ultragesund mit Kürbis bis megaköstlich mit Pekannüssen und Schokolade!

Schoko-Bananen-Pancakes

CA. 12 PANCAKES
ZUBEREITUNG: 15 MINUTEN
BACKZEIT: CA. 40 MINUTEN
SCHWIERIGKEITSGRAD: ★

2 **Eier**
2 reife **Bananen**
150 ml **Milch**
1 TL **Vanilleextrakt**
140 g **Weizenmehl,** Type 550, oder Dinkelmehl, Type 630
2 TL **Backpulver**
2 EL **Puderzucker**
2 EL ungesüßtes **Kakaopulver**
30 g **Schokotropfen**
1 Prise **Salz**
neutrales **Öl** zum Braten

1_ Eier trennen, Eiweiß steif schlagen und zur Seite stellen.

2_ Bananen schälen und in dicke Stücke schneiden. Bananenscheiben mit Milch, Vanille, Mehl, Backpulver, Puderzucker und Kakao auf höchster Stufe im Mixer 30 Sekunden vermengen.

3_ Teig in eine Schüssel füllen und Schokostreusel hinzufügen. Eischnee anschließend vorsichtig unterheben.

4_ Etwas Öl in einer kleinen Pfanne erhitzen und Teig mit einer kleinen Kelle hineingeben.

5_ Ungefähr zwei bis drei Minuten backen, bis sich kleine Blasen auf der Teigoberfläche bilden. Pancake wenden und eine Minute weiterbacken. Mit dem restlichen Teig entsprechend fortfahren.

Tipps

Frische Beeren passen hervorragend zu diesen schokoladigen Pancakes.
Pancakes am besten im Backofen bei ca. 80 °C warmhalten, dabei aber nicht abdecken.

Wer ganz heimlich ein wenig Gemüse ins Essen mogeln möchte, sollte während der Kürbissaison unbedingt diese Pancakes servieren. Das bemerken noch nicht mal die Kinder – versprochen!

Kürbis-Pancakes
mit pikanten Pekannüssen

8 PANCAKES
ZUBEREITUNG: 15 MINUTEN
BACKZEIT: CA. 40 MINUTEN
SCHWIERIGKEITSGRAD: ★

150 g **Weizenmehl,** Type 550, oder Dinkelmehl, Type 630
40 g **Zucker**
1 TL **Viergewürz** (französische-Gewürzmischung Quatre épices)
2 TL **Backpulver**
120 g **Kürbismus** (z. B. fertig aus der Dose)
120 ml **Mandeldrink**
2 **Eier,** verquirlt
30 g **Butter,** geschmolzen
1 TL **Vanilleextrakt**
1 Prise **Salz**
Butter für die Pfanne
20 g **Zucker**
1 Prise **Chilipulver**
40 g **Pekannüsse,** gehackt

Zum Servieren
Ahornsirup oder heller **Dicksaft** nach Wahl

1_ Mehl, Zucker, Gewürze und Backpulver in einer großen Schüssel vermischen.

2_ Kürbismus, Mandeldrink, Eier, geschmolzene Butter und Vanille gründlich unterrühren, dann eine Prise Salz hinzufügen.

3_ Etwas Butter in einer kleinen Pfanne erhitzen. Wenn die Pfanne heiß ist, eine kleine Kelle Teig hineinfüllen und ein bis zwei Minuten backen. Sobald sich auf der Teigoberfläche Blasen bilden, Pancake wenden und ein paar Minuten weiterbacken, bis er goldbraun ist.

4_ Währenddessen Zucker in einer anderen Pfanne karamellisieren, Chilipulver und Pekannüsse hinzufügen. Sobald alles Farbe angenommen hat, auf einem Blech abkühlen lassen. Krokant anschließend zerkleinern.

5_ Pancakes mit Ahornsirup übergießen und mit den karamellisierten Pekannüssen servieren.

Diese maghrebinische Spezialität trägt ihren Namen „Baghrir", weil beim Backen Tausende kleiner Löcher auftauchen. Die Baghrirs haben eine luftige, schwammartige Konsistenz, die daher rührt, dass hier keine Eier, sondern Hefe verwendet wird. Mit Honig bestrichen sind diese kleinen Pfannkuchen einfach nur köstlich.

Baghrirs
oder 1000-Löcher-Pfannkuchen

16 BAGHRIRS
ZUBEREITUNG: 5 MINUTEN
GEHZEIT: 1 STUNDE
BACKZEIT: CA. 40 MINUTEN
SCHWIERIGKEITSGRAD: ★

8 g **Frischhefe**
450 ml lauwarmes **Wasser**
250 g feiner **Hartweizengrieß**
15 g **Mehl** nach Wahl
2 TL **Backpulver**
½ TL **Salz**
30 g **Zucker**
Öl zum Braten

Zum Servieren
frisches **Obst nach Saison,** küchenfertig
Honig

1_ Hefe zerkrümeln und mit Wasser in einen Mixer füllen. Grieß, Mehl, Backpulver, Salz und Zucker hinzufügen und alles zwei bis drei Minuten lang vermischen, bis ein glatter Teig entsteht.

2_ Mindestens eine Stunde abgedeckt stehen lassen, bis der Teig sich aufbläht und kleine Blasen wirft.

3_ Eine kleine Pfanne mit Öl stark erhitzen und eine kleine Kelle Teig hineinfüllen. Baghrir darin etwa zwei Minuten backen, ohne ihn zu wenden. Mit dem restlichen Teig ebenso verfahren.

4_ Baghrirs mit frischem Obst und Honig servieren.

Eine glutenfreie Pancake-Alternative, die alle glücklich macht. Durch die Mandeln werden die Pancakes schön weich, das Ganze ist kohlenhydratarm und reich an Proteinen und Ballaststoffen.

Zitronen-Mohn-Pancakes

CA. 10 PANCAKES
ZUBEREITUNG: 15 MINUTEN
BACKZEIT: CA. 40 MINUTEN
SCHWIERIGKEITSGRAD: ★

220 g gemahlene **Mandeln**
1 TL **Backpulver**
1 Prise **Salz**
3 **Eier**
150 ml **Mandeldrink**
1 EL neutrales **Öl**
1 TL **Vanilleextrakt**
2 unbehandelte **Bio-Zitronen,** Schalenabrieb und Saft
2 EL **Mohnsamen**
Öl zum Braten

1_ Gemahlene Mandeln, Backpulver und Salz in einer Schüssel vermischen. Ein Ei nach dem anderen einarbeiten, dann Mandeldrink, Öl und Vanilleextrakt hinzufügen.

2_ Mohnsamen sowie Zitronensaft und -schale einrühren.

3_ Etwas Öl in einer großen Pfanne erhitzen und eine kleine Kelle Teig hineinfüllen.

4_ Ungefähr zwei bis drei Minute backen, bis sich kleine Blasen an der Teigoberfläche bilden. Pancake wenden und eine Minute weiterbacken. Mit dem restlichen Teig ebenso verfahren.

Tipps

Dazu passen gemischte Zitrusfrüchte, ein wenig Honig zum Süßen und etwas Crème fraîche oder Mascarpone.

Das Rezept für blitzschnellen Crêpes-Teig aus dem Mixer wird auch Puristen gefallen. Es hat sogar mein anspruchsvollstes Publikum begeistert (meine Kinder). Das Geheimnis: braune Butter. Sie verleiht den Crêpes eine hübsche Farbe und ein angenehm nussiges Röstaroma.

Crêpes

CA. 20 CRÊPES
ZUBEREITUNG: 10 MINUTEN
RUHEZEIT: 30 MINUTEN
BACKZEIT: CA. 1 STUNDE
SCHWIERIGKEITSGRAD: ★

60 g **Butter**
600 ml lauwarme **Milch**
250 g **Weizenmehl,** Type 405, oder Dinkelmehl, Type 630
100 g **Zucker**
4 **Eier**
1 **Vanillestange,** ausgekratztes Mark
1 Prise **Salz**
Butter für die Pfanne

1_ Butter bei schwacher Hitze in einem kleinen Topf schmelzen, bis sie schäumt. Dann die Hitze erhöhen, bis die Butter eine goldbraune Farbe annimmt. Durch einen Kaffeefilter gießen, um die sog. Nussbutter zu klären.

2_ Alle Zutaten in einem Mixer zu einem glatten Teig vermischen und eine halbe Stunde abgedeckt ruhen lassen.

3_ Eine große antihaftbeschichtete Pfanne erhitzen, eine haselnussgroße Menge Butter darin zerlassen und eine Kelle Teig einfüllen. Mit kreisenden Bewegungen der Pfanne Teig darin gut verteilen. Crêpe darin von jeder Seite ein bis zwei Minuten backen.

4_ Am besten schmecken die Crêpes heiß aus der Pfanne – mit Zucker, Konfitüre, Nuss- oder Saatenmus oder einem hausgemachten Aufstrich!

Ricotta-Pancakes
mit Gewürzen und Äpfeln

6 PANCAKES
ZUBEREITUNG: 15 MINUTEN
BACKZEIT: 30 MINUTEN
SCHWIERIGKEITSGRAD: ★

2 **Äpfel**
Butter für die Pfanne
125 g **Weizenmehl,** Type 405, oder
Dinkelmehl, Type 630
1 Prise **Salz**
50 g **Puderzucker**
¼ TL gemahlener **Kardamom**
½ TL **Zimtpulver**
½ Pck **Backpulver**
3 große **Eier**
50 g **Butter,** geschmolzen
100 g **Ricotta**
150 ml **Buttermilch**

Zum Servieren
Honig-Walnüsse*

* *gibt es fertig im Glas zu kaufen. Man kann sie aber auch einfach selbst herstellen: 2–3 EL Walnüsse in einer kleinen Pfanne ohne Fett leicht anrösten, vom Herd nehmen und mit 1–2 EL Honig gut vermischen.*

1_ Äpfel schälen, vierteln und Kerngehäuse entfernen. Bei schwacher Hitze ungefähr fünf Minuten in etwas Butter anbräunen. Abdecken und warmstellen.

2_ Mehl, Salz, Zucker, Gewürze und Backpulver in einer großen Schüssel vermischen.

3_ Eier trennen. Eigelbe mit geschmolzener Butter, Ricotta und Buttermilch verrühren. Zu den trockenen Zutaten geben und alles gründlich vermischen.

4_ Eiweiß steif schlagen und vorsichtig unter den Teig heben.

5_ Eine haselnussgroße Menge Butter in einer kleinen Pfanne erhitzen. Eine Kelle Teig in die heiße Pfanne geben und ein bis zwei Minuten backen. Sobald sich auf der Teigoberseite Bläschen bilden, Pancake wenden und ein paar Minuten weiterbacken, bis er goldbraun ist. Mit dem restlichen Teig ebenso verfahren.

6_ Äpfel mit den Pancakes servieren, für weitere Süße sorgen Honig-Walnüsse.

Dutch Baby Pancakes sind – anders als ihr Name vermuten lässt – eine vom deutschen Pfannkuchen inspirierte US-amerikanische Spezialität aus dem Backofen. Dieser weiche Pfannkuchen geht während des Backens auf und wird mit frischem Obst und Schlagsahne oder mit Joghurt und Honig serviert.

Dutch Baby Pancakes

4 PORTIONEN
ZUBEREITUNG: 15 MINUTEN
RUHEZEIT: 30 MINUTEN
BACKZEIT: 15 MINUTEN
SCHWIERIGKEITSGRAD: ★

80 g **Weizenmehl,** Type 405, oder Dinkelmehl, Type 630
20 g gemahlene **Mandeln**
1 Prise **Salz**
3 große **Eier**
150 ml **Buttermilch**
75 g **Rohrohrzucker**
1 unbehandelte **Bio-Zitrone,** Schalenabrieb
1 **Vanillestange,** ausgekratztes Mark
10 g **Butter**

Zum Servieren
frisches **Obst der Saison,** küchenfertig
Sahne, steif geschlagen
Naturjoghurt,Blütenhonig

2 GUSSEISENPFANNEN, 20 CM Ø

1_ Mehl, gemahlene Mandeln und Salz vermischen, zur Seite stellen.

2_ Eier in den Mixer füllen, Buttermilch, Zucker, Zitronenschale und Vanillemark hinzufügen und zu einer glatten Masse verrühren.

3_ Die gemischten Trockenzutaten hinzufügen und zu einem glatten Teig mixen. Abgedeckt 30 Minuten ruhen lassen.

4_ Gusseisenpfannen in den Backofen stellen und auf 210 °C Umluft vorheizen, damit sie richtig heiß sind, wenn es mit dem Backen losgeht.

5_ Etwas Butter in jede Pfanne geben und schmelzen lassen. Teig gleichmäßig auf die Pfannen verteilen und 15 Minuten im Ofen backen.

6_ Pancakes aus dem Backofen nehmen und mit Schlagsahne oder Joghurt, frischem Obst und Honig servieren.

Tipp

Wer nur eine Pfanne hat, bereitet die Pancakes nacheinander zu und serviert sie nicht direkt aus der Pfanne, sondern ähnlich zerteilt wie Kaiserschmarrn auf Tellern.

Eine Spezialität von jenseits des Ärmelkanals: Crumpets sind dicke, richtig fluffige Pfannkuchen, die noch heiß großzügig mit Butter und flüssigem Honig bestrichen werden. Wirklich köstlich!

Crumpets

6 CRUMPETS
ZUBEREITUNG: 20 MINUTEN
AUFGEHZEIT: 1 ½ STUNDEN
BACKZEIT: 16 MINUTEN
SCHWIERIGKEITSGRAD: ★

150 ml **Milch**
150 ml **Wasser**
1 Pck **Trockenhefe**
2 TL **Zucker**
210 g **Weizenmehl,** Type 550, oder Dinkelmehl Type 630
1 Prise **Salz**
Butter für die Förmchen

Zum Servieren
Sahne, steif geschlagen, oder **Butter**
Honig oder **Konfitüre,** erwärmt

3 BACKRINGE, CA. 10 CM Ø

1_ Wasser und Milch sanft erwärmen. Hefe und Zucker hinzufügen und zehn Minuten abgedeckt zur Seite stellen.

2_ Mehl und Salz in eine Schüssel füllen. Hefemischung gut unterrühren.

3_ Abdecken und 90 Minuten gehen lassen, bis die Mischung Blasen schlägt und die Konsistenz eines dicken Pfannenkuchenteigs angenommen hat.

4_ Eine Pfanne erhitzen und drei gefettete Backringe hineinsetzen. In jeden Ring mit einer Kelle ca. 1 cm hoch Teig füllen.

5_ Ungefähr sieben Minuten bei sanfter Hitze backen, bis die Teigoberfläche trocken wird und sich kleine Löcher bilden. Formen entfernen und Crumpets von der anderen Seite noch eine Minute fertigbacken. Mit dem restlichen Teig ebenso verfahren.

6_ Heiße Crumpets mit Schlagsahne oder Butter servieren und mit flüssigem Honig oder Konfitüre übergießen.

KAPITEL 8

Knusprige Waffeln und Kekse

Zartschmelzend, weich und … knusprig! Rezepte für Waffeln, Cookies, Scones und Kekse, die dem Frühstück Biss verleihen.

Heidelbeer-Scones

6 PORTIONEN
ZUBEREITUNG: 20 MINUTEN
KÜHLZEIT: 30 MINUTEN
BACKZEIT: 25 MINUTEN
SCHWIERIGKEITSGRAD: ★

250 g **Weizenmehl,** Type 405
90 g **Rohrohrzucker**
2 TL **Backpulver**
1 Prise **Salz**
90 g eiskalte **Butter**
100 ml kalte **Buttermilch**
1 **Ei,** verquirlt
70 g frische **Heidelbeeren,** gewaschen und abgetropft
1 unbehandelte **Bio-Zitrone,** Schalenabrieb

1_ Mehl, Rohrzucker, Backpulver und Salz vermischen.

2_ Kalte, in kleine Würfel geschnittene Butter mit den Fingerspitzen zügig mit den Trockenzutaten vermengen.

3_ Buttermilch, Ei, Heidelbeeren und Zitronenschale schnell einarbeiten und den Teig zu einer Kugel formen.

4_ Teigkugel auf eine bemehlte Arbeitsfläche legen und mit einem Teigroller 1–2 cm dick auf Pizzagröße ausrollen.

5_ Teig auf einem mit Backpapier belegten Blech in sechs gleich große Teile schneiden. Eine halbe Stunde abgedeckt kaltstellen.

6_ Backofen auf 200 °C Umluft vorheizen. Scones mithilfe eines Backpinsels mit Buttermilch bestreichen, mit etwas Zucker bestreuen und 25 Minuten backen.

7_ Scones lauwarm und stilecht mit Clotted Cream und Konfitüre servieren, alternativ Crème double nehmen.

Das Geheimnis dieses Rezepts besteht aus zwei Zutaten: Buttermilch und Butter. Beide müssen gut gekühlt und schnell eingearbeitet werden. So sind nach dem Backen dicke Scones garantiert.

Süßkartoffelwaffeln
mit Orange

6 WAFFELN
ZUBEREITUNG: 5 MINUTEN
BACKZEIT: CA. 15 MINUTEN
SCHWIERIGKEITSGRAD: ★

180 g **Süßkartoffelmus,** selbst gemacht
2 **Eier**
30 g braune **Butter** (Seite 136)
150 ml **Buttermilch**
40 g **Rohrohrzucker**
2 unbehandelte **Bio-Orangen,** Schalenabrieb
150 g **Weizenmehl,** Type 405, oder Dinkelmehl, Type 630
50 g gemahlene **Mandeln**
2 TL **Backpulver**
1 TL **Zimtpulver**
1 Prise **Salz**
Öl für das Waffeleisen, z. B. natives Kokosöl
Puderzucker zum Bestreuen

1_ Süßkartoffelmus, Eier, braune Butter, Buttermilch, Zucker und Orangenschale vermischen.

2_ Mehl, gemahlene Mandeln, Backpulver, Zimt und Salz separat vermengen und in die Süßkartoffel-Mischung einrühren.

3_ Waffeleisen vorheizen, danach leicht fetten. Mit einem Schöpflöffel Teig in das Waffeleisen geben und ein paar Minuten backen, bis die Waffeln knusprig sind.

Tipps

Keine Buttermilch im Haus? Dann einfach normale Milch mit etwas Naturjoghurt andicken und ein paar Tropfen Zitronensaft hinzufügen.
Für Süßkartoffelmus die Knollen schälen und in große Stücke schneiden. 15–20 Minuten in kochendem Salzwasser garen. Abtropfen lassen, durch eine Passiermühle geben und mit Sahne glattrühren.

Gefüllte Sesamkekse

CA. 15 KEKSE
ZUBEREITUNG: 25 MINUTEN
KÜHLZEIT: 2 STUNDEN
BACKZEIT: 10 MINUTEN
SCHWIERIGKEITSGRAD: ★

75 g **Zucker**
50 g **Rübenzucker**
150 g **Butter,** zimmerwarm
1 Prise **Salzflocken**
1 **Ei,** verquirlt
30 g **Tahin**
270 g **Weizenmehl,** Type 405
1 **Eiweiß**
Sesamsaat zum Bestreuen
200 g **Pekannussaufstrich** (Seite 68)

RUNDE PLÄTZCHENAUSSTECHER, 5 CM Ø

1 SPRITZBEUTEL MIT LOCHTÜLLE

1_ Beide Zucker, weiche Butter und Salz in einer Schüssel vermischen, bis ein cremiger Teig entsteht. Ei und Tahin damit vermengen. Mehl unterrühren, aber dabei den Teig nicht zu stark bearbeiten.

2_ Teig mit einem Teigroller zwischen zwei Bögen Backpapier ca. ½ cm dünn ausrollen und mindestens zwei Stunden kaltstellen.

3_ Backofen auf 180 °C Umluft vorheizen.

4_ Runde Plätzchen aus dem Teig ausstechen und mit Abstand auf ein mit Backpapier belegtes Backblech legen. Jedes mit etwas Eiweiß bestreichen und mit Sesam bestreuen. Zehn Minuten backen, dann abkühlen lassen.

5_ Aufstrich mit einem Spritzbeutel in der Mitte eines Plätzchens auftragen, mit einem anderen Plätzchen bedecken. Kekse in einer luftdichten Dose aufbewahren.

Brownie meets Cookie: Dabei kommt ein superweicher Schokokeks heraus … Das Salz darf hier auf keinen Fall fehlen!

Brownie Crinkle Cookies

10 COOKIES
ZUBEREITUNG: 15 MINUTEN
BACKZEIT: 12 MINUTEN
RUHEZEIT: 20 MINUTEN
SCHWIERIGKEITSGRAD: ★

100 g **Butter**
200 g dunkle **Schokolade,** gehackt
2 große **Eier**
100 g **Puderzucker**
50 g **Rohrohrzucker**
200 g **Weizenmehl,** Type 405
3 EL ungesüßtes **Kakaopulver**
½ TL **Backpulver**
1 Prise **Salzflocken**

1_ Backofen auf 180 °C Umluft vorheizen.

2_ Butter und Schokolade über dem Wasserbad bei sanfter Hitze schmelzen.

3_ Eier und Zucker hellschaumig schlagen. Schokoladen-Butter-Mischung gründlich unterrühren. Mehl, Kakao und Backpulver vermischen, durch ein Sieb dazugeben und unterziehen.

4_ Mit Hilfe eines Eisportionierers Teighäufchen auf ein mit Backpapier belegtes Backblech setzen. Auf genügend Abstand zwischen den Cookies achten.

5_ Mit Salzflocken bestreuen und zehn bis zwölf Minuten backen.

6_ Zwanzig Minuten abkühlen lassen, vom Backblech nehmen und genießen.

Lütticher Waffeln

4 PORTIONEN
ZUBEREITUNG: 25 MINUTEN
GEHZEIT: 1½ STUNDEN
BACKZEIT: 3 MINUTEN JE WAFFEL
SCHWIERIGKEITSGRAD: ★

80 ml **Milch,** lauwarm
8 g **Frischhefe**
240 g **Weizenmehl,** Type 405, oder Dinkelmehl, Type 630
30 g **Rohrohrzucker**
1 **Ei**
60 g **Hagelzucker**
100 g **Butter**

Öl oder **Butter** für das Waffeleisen
Puderzucker zum Bestäuben

1_ Hefe in die lauwarme Milch krümeln, ein paar Minuten quellen lassen und dann verquirlen.

2_ Mehl, Rohrzucker, Hefemilch, Hagelzucker und Ei in einer Küchenmaschine zu einem glatten Teig verkneten. Nach und nach die Butter in Stücken und unter ständigem Kneten in den Teig einarbeiten. Der Teig soll etwas klebrig sein.

3_ Abgedeckt eine Stunde gehen lassen. Die Zeit lässt sich verkürzen, wenn die Teigschüssel bei 30 °C Ober-/Unterhitze in den Backofen gestellt wird.

4_ Sobald der Teig aufgegangen ist, gut durchkneten, um die Luft daraus zu entfernen. Anschließend ca. 70 g schwere Kugeln formen und mit ausreichend Abstand auf ein mit Backpapier belegtes Blech legen. Eine halbe Stunde abgedeckt gehen lassen.

5_ Waffeleisen vorheizen, dann leicht fetten. Teigkugel einlegen, Eisen schließen und die Waffel ungefähr drei Minuten backen, bis sie goldbraun ist. Mit dem restlichen Teig ebenso verfahren. Waffeln mit Puderzucker überstäuben und warm servieren.

Wenn es beim Frühstück schnell gehen muss, sind anderthalb Stunden Ruhezeit ein bisschen zu lang. Dann die Waffeln einfach schon am Vorabend vorbereiten, morgens nur noch ein paar Minuten in den Toaster geben und schon sind sie wieder warm und knusprig.

Getestet und für gut befunden: Dieses bewährte Rezept garantiert Schoko-Cookies mit dem köstlichen Geschmack von Pekannüssen – außen knusprig, innen weich. Ich hoffe, jeder ist davon so begeistert wie ich!

Schoko-Cookies
mit Pekannüssen

12 COOKIES
ZUBEREITUNG: 10 MINUTEN
BACKZEIT: 12 MINUTEN
SCHWIERIGKEITSGRAD: ★

200 g **Rübenzucker**
120 g **Butter,** zimmerwarm
1 Prise **Salzflocken**
1 **Ei**
220 g **Weizenmehl,** Type 405, oder Dinkelmehl, Type 630
1 geh. TL **Backpulver**
100 g dunkle **Schokolade,** gehackt
einige **Pekannüsse**
50 g **Schokotropfen**

1_ Rübenzucker, weiche Butter und Salz in einer Schüssel hell schaumig schlagen, bis der Teig cremig ist. Ei hinzufügen.

2_ Mehl, Backpulver und gehackte Schokolade unterziehen.

3_ Backofen auf 180 °C Umluft vorheizen.

4_ Aus dem Teig ca. 60 g schwere Kugeln formen und mit Abstand auf ein mit Backpapier belegtes Blech setzen. Pekannüsse und Schokotropfen darauf geben.

5_ Ungefähr zwölf Minuten backen und darauf achten, dass die Backzeit nicht zu lang ist, damit die Cookies schön weich bleiben. Abkühlen lassen und genießen.

SCHRITT FÜR SCHRITT

Meine Tipps für Cookies

Die Schokotropfen und Pekannüsse lassen sich beliebig ersetzen. Worauf es wirklich ankommt, ist der Rübenzucker (und nicht irgendein anderer Zucker; glaubt mir, ich spreche da aus Erfahrung). Der sorgt nämlich dafür, dass die Cookies außen knusprig und innen weich werden.

Es ist wichtig, die Cookies immer mit ausreichend Abstand auf das mit Backpapier belegte Blech zu setzen; sie dehnen sich beim Backen ziemlich aus.

Wenn die Cookies aus dem Ofen kommen, sind sie noch glühend heiß – also nicht der Versuchung nachgeben und vorschnell einen Bissen nehmen. Die Cookies müssen erst ungefähr zehn Minuten auf einem Gitter abkühlen. So erhalten sie ihre Knusprigkeit.

Schokowaffeln

6 WAFFELN
ZUBEREITUNG: 10 MINUTEN
BACKZEIT: CA. 25 MINUTEN
SCHWIERIGKEITSGRAD: ★

120 g **Buchweizenmehl**
160 g **Weizenmehl,** Type 550, oder Dinkelmehl, Type 630
50 g gemahlene **Haselnüsse**
4 EL ungesüßtes **Kakaopulver**
2 TL **Backpulver**
½ TL **Zimtpulver**
1 Prise **Salz**
300 ml **Mandeldrink**
3 EL **Naturjoghurt**
1 TL **Vanilleextrakt**
1 EL natives **Kokosöl,** leicht erwärmt
4 EL **Ahornsirup** oder ein **Dicksaft** nach Wahl
natives **Kokosöl** fürs Waffeleisen

1_ Beide Mehle, gemahlene Haselnüsse, Kakao, Backpulver, Zimt und Salz in einer Schüssel vermischen.

2_ Mandeldrink, Joghurt, Vanille, flüssiges Kokosöl und Ahornsirup unterrühren.

3_ Waffeleisen vorheizen, dann leicht mit Kokosöl fetten. Teig einfüllen und einige Minuten backen, bis die Waffeln schön knusprig sind. Gleich servieren.

Tipps

Zu den Schokowaffeln passen gebratene Bananen supergut. Naschkatzen garnieren die Waffeln noch mit Honig, gehackten Haselnüssen und Schokotropfen.

KAPITEL 9

Herzhaft brunchen

Ein herzhaftes Frühstück ist immer eine gute Idee, denn es liefert keine leeren Kohlenhydrate, sondern ist reich an Proteinen sowie Vitaminen. Da die Frühstückswelt bei weitem nicht nur aus Süßem besteht, kommt der Kick zum Aufstehen hier von deftigen Wohlfühlrezepten und raffinierten pikanten Ideen aus aller Welt!

Huevos rancheros
mit Mangosalsa

4 PORTIONEN
ZUBEREITUNG: 20 MINUTEN
KÜHLZEIT: 30 MINUTEN
BRATZEIT: 5 MINUTEN
SCHWIERIGKEITSGRAD: ★

Mangosalsa
1 kleine rote **Chilischote**
1 **Frühlingszwiebel**
1 kleine **Mango**
2 EL **Olivenöl**
1 EL **Sherryessig**
1 **Limette,** frisch gepresster Saft
½ Bund **Koriander**
Salz und schwarzer **Pfeffer,** frisch gemahlen

4 **Maistortillas**
4 **Eier**
10 g **Butter**
4 EL **Tomatensalsa,** z. B. fertig gekauft, zimmerwarm
2 **Avocados,** in Scheiben
frische **Kräuter,** küchenfertig, nach Geschmack

1_ Zuerst die Mangosalsa vorbereiten: Chilischote waschen und fein hacken. Frühlingszwiebel waschen und in Scheiben schneiden. Mango schälen, Fleisch vom Stein schneiden und in Würfel schneiden. Mangowürfel, Chili und Frühlingszwiebeln in eine Schüssel füllen.

2_ Olivenöl, Sherryessig und Limettensaft vermischen. Koriander waschen, trocken schütteln und fein schneiden. Zur Ölsauce geben, mit Salz und Pfeffer abschmecken. Sauce über die Mangowürfel gießen und abgedeckt mindestens 30 Minuten in den Kühlschrank stellen, damit sich die Aromen verbinden können.

3_ Vor dem Servieren Tortillas einzeln von jeder Seite ungefähr fünf Sekunden in einer großen, sehr heißen Pfanne ohne Fett erhitzen.

4_ Butter in der Pfanne schmelzen und Eier darin und ungefähr vier Minuten braten. Anschließend mit Salz und Pfeffer würzen.

5_ Tortillas auf Teller legen, einen Esslöffel Tomatensalsa darauf verstreichen, Avocadoscheiben, Spiegeleier und Mangosalsa hinzufügen. Mit frischen Kräutern nach Wahl servieren.

Diese köstlichen, warmen Bagels habe ich im legendären St-Viateur-Bagelshop in Montreal kennengelernt. Das Geheimnis guter Bagels? Dem Wasser, in dem die ungebackenen Kringel üblicherweise vorpochiert werden, noch etwas Honig hinzufügen. Serviert werden sie natürlich mit Cream cheese – einem Doppelrahm-Frischkäse!

Müsli-Bagels

10 BAGELS
ZUBEREITUNG: 25 MINUTEN
GEHZEIT: 2 STUNDEN
POCHIEREN: CA. 3 MINUTEN
BACKZEIT: CA. 20 MINUTEN
SCHWIERIGKEITSGRAD: ★ ★

Teig
2 TL **Trockenhefe**
1½ EL **Rohrohrzucker**
300 ml **Wasser,** lauwarm
50 g **Rosinen**
2 weiche **Trockenaprikosen**
2 große **Datteln** ohne Stein
500 g **Weizenmehl,** Type 812
1 TL **Zimtpulver**
1 TL **Salz**
Mehl für die Arbeitsfläche

1_ Trockenhefe und Zucker in 100 ml lauwarmes Wasser einrühren und fünf Minuten quellen lassen. Trockenfrüchte währenddessen klein hacken.

2_ Mehl, Zimt und Salz in den Behälter einer Küchenmaschine füllen. Restliches Wasser, Hefemischung und Trockenfrüchte hinzufügen. Zehn Minuten kneten, bis ein glatter, elastischer Teig entsteht.

3_ Mit einem feuchten Tuch abdecken und bei Zimmertemperatur 90 Minuten gehen lassen.

4_ Sobald der Teig sein Volumen verdoppelt hat, durch leichtes Schlagen überschüssige Luft daraus entfernen. Teiglinge à 80 g abtrennen und auf eine bemehlte Arbeitsfläche legen. Zu Kugeln formen und in deren Mitte mit Hilfe eines Kochlöffelstiels ein Loch setzen. Durch vorsichtiges Auseinanderziehen die Teigringe vergrößern (sie werden beim Backen wieder kleiner).

weiter auf der folgenden Seite

Müsli-Bagels
Fortsetzung

2 l **Wasser**
1 EL **Honig**
1 Prise **Salz**
1 **Ei,** verquirlt
1 Handvoll **Haferflocken**

5_ Teigringe auf ein mit Backpapier belegtes Backblech legen und weitere 30 Minuten abgedeckt gehen lassen.

6_ Backofen auf 200 °C Umluft vorheizen.

7_ Wasser in einem großen Topf aufkochen. Salz und Honig hinzufügen. Jeweils drei Bagels einige Sekunden lang darin von beiden Seiten pochieren. Wenn sie an die Oberfläche steigen, mit einem Schaumlöffel herausnehmen und auf einem Gitter abtropfen lassen.

8_ Bagels zurück auf das mit Backpapier belegte Blech setzen. Mit Ei bestreichen und mit Haferflocken bestreuen.

9_ Eine feuerfeste Schüssel mit Wasser in den Backofen stellen (die Feuchtigkeit hilft bei der Krustenbildung und macht die Bagels schön knusprig). Bagels 15–20 Minuten backen, bis sie goldbraun sind. Auf einem Gitter abkühlen lassen.

Drei Ideen für den Bagelbelag

Vor dem Belegen: Bagels aufschneiden und ein paar Minuten von beiden Seiten in einer Pfanne ohne Fett anrösten oder kurz in den Toaster legen.

Cream cheese + Pastrami + Cornichons

Die Bagels großzügig mit **Doppelrahm-Frischkäse** bestreichen. Mit **Pastrami** und ein paar kleinen, aufgeschnittenen **Gewürzgurken** belegen.

Ziegenfrischkäse + Birnenconfit + Walnüsse

Birnenconfit auf den Bagels verteilen, **Ziegenfrischkäse** darauf verstreichen. Mit **Feldsalat** sowie gehackten **Walnüssen** belegen und noch ein wenig **Honig** darüber träufeln.

Frischkäse + Gurke + Räucherlachs

Frischkäse mit ein paar Tropfen **Zitronensaft** vermischen und die Bagels großzügig damit bestreichen. Mit **Räucherlachs,** ein paar dünnen **Salatgurkenscheiben** und **Kapernäpfeln** belegen. Nach Geschmack mit **rosa Pfefferbeeren,** frischen **Sprossen** und **Dillgrün** bestreuen.

Cheddar-Waffeln
mit Eiern und Speck

4 PORTIONEN
ZUBEREITUNG: 25 MINUTEN
RUHEZEIT: 10 MINUTEN
BACKZEIT: 30 MINUTEN
SCHWIERIGKEITSGRAD: ★

Waffeln
150 g **Weizenmehl,** Type 550, oder Dinkelmehl, Type 630
1 EL **Mohnsaat** zum Backen
1 EL **Sesamsaat**
2 TL **Backpulver**
2 **Eier**
300 ml **Buttermilch**
15 g **Butter,** geschmolzen
90 g **Cheddar,** gerieben
Salz und schwarzer **Pfeffer,** frisch gemahlen

Öl für das Waffeleisen

4 große **Eier**
Butterschmalz
8 Scheiben **Frühstücksspeck**
Gartenkresse oder frische **Kräuter** nach Wahl
Sesamsaat

1_ Backofen auf 200 °C Umluft vorheizen.

2_ Mehl, Mohn und Sesam in einer großen Schüssel vermischen. Backpulver hinzufügen, salzen und pfeffern. In einer weiteren Schüssel Eier, Buttermilch und geschmolzene Butter zu einer glatten Masse verrühren, anschließend die Trockenzutaten einarbeiten. Geriebenen Cheddar hinzufügen und abgedeckt zehn Minuten ruhen lassen.

3_ Währenddessen Speck mit Abstand auf ein mit Backpapier belegtes Blech legen und im Ofen je fünf Minuten von jeder Seite kross ausbacken.

4_ Waffeleisen vorheizen, dann leicht fetten. Waffeln darin ungefähr vier Minuten backen, bis sie schön knusprig sind.

5_ Parallel Spiegeleier in einer heißen Pfanne mit Butterschmalz zubereiten, mit Salz und Pfeffer würzen.

6_ Jede Waffel mit einem Spiegelei und zwei Speckscheiben belegen und mit Kresse garnieren. Mit Sesam bestreut sofort servieren.

Käse, Eier und Speck – ein echt englisches Frühstück. Wer vor der Kombination süß und herzhaft nicht zurückschreckt, kann alles noch mit Ahornsirup oder einem Dicksaft nach Wahl übergießen!

Grünes Lachuch
und hausgemachtes Labneh

6 PORTIONEN
ZUBEREITUNG: 25 MINUTEN
GEHZEIT: 2 STUNDEN
BACKZEIT: 30 MINUTEN
SCHWIERIGKEITSGRAD: ★

Teig
500 ml **Wasser,** lauwarm
1 EL **Honig**
1½ TL **Trockenhefe**
je 1 Bund **Minze** und **Koriander**
200 g **Weizenmehl,** Type 550, oder Dinkelmehl, Type 630
2 TL **Fenchelsamen**
½ TL **Salz**
1 TL **Backpulver**
Öl zum Braten
150 g **Labneh,** selbst gemacht (Seite 176)
etwas **Olivenöl**
1 Prise **Zatar** (orientalische Gewürzmischung)

Zum Servieren
Sesamsaat
Pistazienkerne
gemischte **Blattsalate** und **Kräuter,** küchenfertig, nach Geschmack
4 **Eier**

1_ Lauwarmes Wasser mit Honig und Trockenhefe in einen Mixer füllen, Deckel schließen und zehn Minuten ruhen lassen. Kräuter waschen und trocken schütteln. Minzblätter von den Stielen zupfen, vom Koriander nur dicke Stängel entfernen.

2_ Mehl, Fenchel, Salz, Backpulver, Minzblätter und Koriander mit in den Mixer geben und zu einem glatten Teig verarbeiten. Abgedeckt ein bis zwei Stunden (oder über Nacht) im Kühlschrank gehen lassen.

3_ Eine Pfanne mit etwas Öl auf mittlere Stufe erhitzen. Eine kleine Kelle Teig hineingeben und vier bis fünf Minuten darin backen, bis sich auf der Oberseite Bläschen bilden; nicht wenden.

4_ Vor dem Servieren jedes Lachuch mit zwei Esslöffeln Labneh bestreichen, etwas Olivenöl darauf träufeln und mit Zatar würzen. Spiegeleier, Pistazien, Sesam und Salat oder Kräuter nach Geschmack darauf anrichten.

Tipp

Anstelle von Labneh kann auch Magerquark oder das fettarme, proteinreiche Skyr verwendet werden.

SCHRITT FÜR SCHRITT

Selbst gemachtes Labneh

ZUBEREITUNG: 5 MINUTEN
RUHEZEIT: 24 STUNDEN
SCHWIERIGKEITSGRAD: ★

300 g **Naturjoghurt,** z. B. griechischer Art
1 Prise **Salzflocken**
1 Prise **Zatar** (arabische Gewürzmischung)
etwas natives **Olivenöl**

1_ Joghurt und Salz vermischen und in ein mit einem Passiertuch ausgelegtes Sieb füllen.

2_ Sieb auf eine Schüssel stellen und das Tuch jeweils über Eck so zusammenknoten, dass eine Art Kugel entsteht. Mindestens 24 Stunden kaltstellen (wenn das Labneh fester gewünscht ist: 48 Stunden).

3_ Danach Labneh aus dem Passiertuch nehmen und in einen kleinen Behälter füllen. Mit Zatar gewürzt und reichlich Olivenöl übergossen abgedeckt im Kühlschrank aufbewahren.

Tipp

Anstatt das Labneh wie gewohnt zu salzen, kann man es auch ohne Salz abtropfen lassen und süß zubereiten. Dann mit Honig, Orangenwasser und frischem Obst servieren.

Mit diesem einfachen und schnellen Rezept lässt sich ganz schön Eindruck schinden! Die Gewürze lassen sich beliebig variieren – einfach verwenden, was gerade zur Hand ist.

Kresse-Eier
aus dem Ofen

4 PORTIONEN
ZUBEREITUNG: 15 MINUTEN
GARZEIT: 15 MINUTEN
SCHWIERIGKEITSGRAD: ★

25 g **Butter**
200 g **Brunnenkresse,** gewaschen und trocken geschüttelt
4 EL **Crème double,** alternativ Streichrahm
70 g **Parmesan,** frisch gerieben
Salz und schwarzer oder weißer **Pfeffer,** frisch gemahlen

4 **Eier**
1 Handvoll **Mandeln,** gehackt
40 g **Parmesan,** gehobelt

frische **Kräuter** nach Wahl, küchenfertig

4 MINI-COCOTTES ODER HITZEBESTÄNDIGE TÖPFCHEN MIT DECKEL

1_ Backofen auf 180 °C Umluft vorheizen.

2_ Butter in einer Pfanne erhitzen, bis sie leicht gebräunt ist. Kresse darin fünf Minuten garen. In einem Sieb abtropfen und abkühlen lassen.

3_ Crème double mit einem Schneebesen lockern. Kresse und geriebenen Parmesan unterrühren. Mit Salz und Pfeffer abschmecken.

4_ Kresse-Mischung auf die vier Cocottes verteilen. Je eine Vertiefung hineindrücken, das Ei einfüllen, mit Salz und Pfeffer würzen. Deckel auflegen und in eine mit Wasser gefüllte Fettpfanne stellen. Zehn Minuten im Ofen garen.

5_ Gehackte Mandeln währenddessen ein paar Minuten in einer Pfanne ohne Fett anrösten.

6_ Eier aus dem Ofen mit Parmesanspänen, gehackten Mandeln und frischen Kräutern garnieren. Heiß mit Landbrot und Butter servieren.

Avocado-Röstbrot
mit Pistazien-Dukkah

2 PORTIONEN
ZUBEREITUNG: 10 MINUTEN
BRATZEIT: 5 MINUTEN
SCHWIERIGKEITSGRAD: ★

150 g **Pistazienkerne,** natur
2 EL **Sesamsaat**
1 EL **Fenchelsamen**
1 EL **Kreuzkümmelsaat**
1 TL **Salzflocken**
1 EL gemahlener **Koriander**
2 **Avocados**
20 g **Butter**
4 dicke Scheiben **Vollkornbrot**
2 EL **Tahin**
frische **Kräuter** nach Wahl, gewaschen und trocken geschüttelt

1_ Zuerst das Pistazien-Dukkah vorbereiten: Pistazien grob hacken, Sesam zerstoßen und Fenchel mit Kreuzkümmel mörsern. Pistazien, Samen und alle Gewürze vermischen. Anschließend in einer heißen Pfanne ohne Fett wenige Minuten anrösten, bis die Mischung zu duften beginnt. Sofort zum Abkühlen auf einen Teller geben.

2_ Avocados halbieren und Kern entfernen. Avocadofleisch aus der Schale heben und in dünne Scheiben schneiden.

3_ Butter in einer Pfanne anbräunen und Brotscheiben darin ein bis zwei Minuten von jeder Seite anbraten.

4_ Brotscheiben dünn mit Tahin bestreichen, mit Avocadoscheiben belegen und mit Pistazien-Dukkah bestreut servieren. Nach Geschmack Kräuter darüber geben.

5_ Frisch servieren.

Dukkah ist eine nordafrikanische Mischung aus Saaten, Nüssen und Gewürzen, die für gewöhnlich mit Brot und Olivenöl genossen wird. Hier gibt sie den Avocado-Röstbroten eine würzige Note.

Frühstückseier
mit Spargeln zum Dippen

4 PORTIONEN
ZUBEREITUNG: 20 MINUTEN
KOCHZEIT: CA. 8 MINUTEN
BACKZEIT: CA. 10 MINUTEN
SCHWIERIGKEITSGRAD: ★

Salz
1 Bund grüner **Spargel,** gewaschen
einige **Eiswürfel**

5 **Eier**
20 g gemahlene **Haselnüsse**
20 g **Semmelbrösel**
1 unbehandelte **Bio-Zitrone,** Schalenabrieb
30 g **Mehl** nach Wahl
20 g **Butter**
bunter **Pfeffer,** frisch gemahlen

1_ Reichlich Wasser mit Salz zum Kochen bringen. Trockene Spargelenden abschneiden, falls nötig unteres Spargeldrittel schälen und Stangen anschließend fünf Minuten im Salzwasser garen. Abtropfen und sofort in einer großen Schüssel mit Eiswasser abkühlen lassen. Salzwasser beiseite stellen.

2_ Währenddessen ein Ei in einem tiefen Teller verquirlen. Haselnüsse, Semmelbrösel und Zitronenschale in einem weiteren tiefen Teller vermischen. Mehl in einen dritten tiefen Teller sieben.

3_ Jede Spargelstange zuerst in Mehl wälzen, dann durch Ei ziehen und schließlich in der Haselnuss-Brösel-Mischung wenden.

4_ Butter in einer Pfanne schmelzen. Spargel darin zwei bis drei Minuten goldbraun ausbacken.

5_ Beiseite gestelltes Salzwasser erneut zum Kochen bringen. Sobald es kocht, Eier hineingleiten lassen und drei bis vier Minuten kochen. Mit einem Schaumlöffel herausholen, kurz abschrecken und in Eierbecher setzen.

6_ Eier köpfen und sofort mit Spargeln zum Dippen servieren. Salz und Pfeffer zum Würzen dazu reichen.

Croissants
mit Frischkäse und Nektarine

4 PORTIONEN
ZUBEREITUNG: 5 MINUTEN
SCHWIERIGKEITSGRAD: *

4 **Buttercroissants**
1 **Nektarine**
½ Bio-**Salatgurke**
2 EL **Blütenhonig,** flüssig
200 g **Frischkäse**
4 große Scheiben Bayonne-**Schinken,** alternativ ein anderer, luftgetrockneter Schinken
schwarzer **Pfeffer,** frisch gemahlen

1_ Croissants der Länge nach halbieren.

2_ Nektarine und Gurke waschen. Nektarine halbieren, Kern entfernen und Fruchtfleisch in schmale Spalten schneiden. Gurke in feine längliche Scheiben hobeln.

3_ Schnittseiten der Croissants mit Frischkäse bestreichen. Mit einer Schinkenscheibe belegen, Nektarinen- und Gurkenscheiben darauf verteilen.

4_ Mit Honig beträufeln und mit Pfeffer würzen. Croissants wieder zusammenlegen und gleich genießen.

Tipp

Eine schöne Winter-Variante ist ein Belag mit Ziegenkäse, Birnenconfit und Trockenfrüchten.

Der Legende nach bestellte Lemuel Benedict, ein häufiger Gast im New Yorker Waldorf-Astoria, dort eines Morgens seinen Frühstückstoast mit pochierten Eiern und Sauce Hollandaise. Der Chefkoch des Hotels fand die Idee so hervorragend, dass er das Gericht in die Frühstückskarte aufnahm und mit englischen Muffins servierte.

Eggs Benedict

4 PORTIONEN
ZUBEREITUNG: 20 MINUTEN
KOCHZEIT: 6 MINUTEN
POCHIEREN: CA. 15 MINUTEN
SCHWIERIGKEITSGRAD: ★ ★

4 **Eier**
1 EL **Weißweinessig**
4 englische **Muffins** (flache Hefe-Sauerteig-Brötchen)
20 g **Butter**
Salz und weißer **Pfeffer,** frisch gemahlen

Sauce Hollandaise
2 **Eigelbe**
2 EL **Zitronensaft**
120 g **Butter,** geschmolzen

1_ Zuerst die Sauce Hollandaise vorbereiten: Eigelbe und Zitronensaft über einem köchelnden Wasserbad verquirlen. Geschmolzene Butter nach und nach mit einem Schneebesen einrühren, bis eine sämige Sauce entsteht. Vom Herd nehmen und über dem Wasserbad warmhalten.

2_ In einem Topf Wasser mit Essig zum Sieden bringen. Ein Ei über einer Tasse aufschlagen und aus dieser dann vorsichtig ins Wasser gleiten lassen. Drei bis fünf Minuten pochieren, bis das Eiweiß gestockt ist. Ei mit einem Schaumlöffel aus dem Topf heben und auf Küchenpapier legen. Übrige Eier ebenso pochieren.

3_ Englische Muffins aufschneiden, toasten und buttern.

4_ Pochierte Eier auf die Muffins legen, mit Sauce Hollandaise übergießen und sofort servieren.

Tipp

Eggs Benedict werden klassisch mit gebratenem Speck serviert, sie schmecken aber auch mit Räucherlachs oder vegetarisch mit Rucola und Avocado oder bissfest gegartem Spargel.

Warme und kalte Brunch-Ideen

Vom Frühstück zum Brunch ist es nur ein kleiner Schritt …
Vier Ideen, wie man die Rezepte in diesem Buch nach Lust und Laune für einen Themen-Brunch kombinieren kann!

FÜR EIN VERWÖHN- ODER TROSTESSEN

Chai Latte mit Gewürzen

26

Ricotta-Pancakes mit Gewürzen und Äpfeln

138

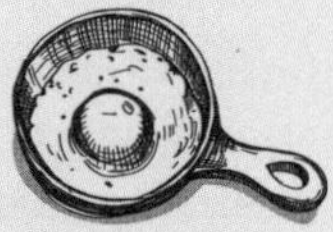

Kresse-Eier aus dem Ofen

178

LUST AUF SCHOKOLADE

Heiße Schokolade mit Cashewmus und Gewürzen

20

Schokoladiges Buchweizen-Granola

36

Mini-Donuts

98

MORGENS IN ALLER WELT

Ananas-Mango-Konfitüre

71

Baghrirs oder 1000-Löcher-Pfannkuchen

132

Huevos rancheros mit Mangosalsa

164

GESUND UND LECKER

Grüner Smoothie mit Birne, Kiwi und Spinat

24

Müsli-Topfbrot

106

Avocado-Röstbrot mit Pistazien-Dukkah

108

NOCH IMMER HUNGRIG?

Da schafft ein feiner Porridge Abhilfe, z. B. der mit **Erdnussbutter** *von Seite* 46 *oder der* **Schokoladen-Kascha** *von Seite* 60. *Auch eine Scheibe* **Mandarinen-Brioche** *(Seite* 110*),* **Karottenkuchen-Energiekugeln** *(Seite* 116*) oder eine Portion* **Schoko-Cookies mit Pekannüssen** *(Seite* 156*) machen rundum satt und zufrieden.*

Die kleinen Helfer

Mit praktischen Küchengeräten kocht man nicht automatisch besser,
aber sie machen das Leben auf jeden Fall leichter.
Hier ein kleiner Überblick über hilfreiche Utensilien, die ich im Alltag gerne nutze:

BACKBLECH

Empfehlenswert sind perforierte Backbleche. Diese Lochbleche ermöglichen eine bessere Hitzeverteilung und damit ein gleichmäßigeres Backergebnis.

GLASGEFÄSSE

Sie sind unerlässlich, wenn es um die Aufbewahrung von Trockenfrüchten, Müsli, Konfitüre oder Streichcreme geht – und außerdem wieder total in. Ob mit Schraub- oder Schnappverschluss: Hauptsache, sie schließen gut.

HOCHLEISTUNGSMIXER

Streichcremes und Nussmuse lassen sich nicht mit jedem beliebigen Mixer herstellen – dafür ist ein Hochleistungsmixer mit entsprechenden Schlagmessern nötig. Wenn er Chrushed Ice hinbekommt, hat er die nötige Power.

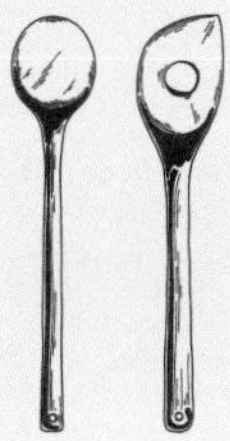

HOLZLÖFFEL

Mit solchen hitzebeständigen Löffeln lässt es sich vortrefflich rühren und mischen, ohne Töpfe oder Pfannen zu zerkratzen.

KLEINER MIXER

Der Mini Blender ist der beste Freund von Pflanzendrinks, Smoothies und Säften. Außerdem ist er auch für die Zubereitung von kleineren Mengen Pfannkuchenteig und für manche Kuchenteige geeignet. Empfehlenswert sind leistungsfähige Kleinmixer mit robusten und stabilen Glasbehältern.

KÜCHENMASCHINE

Auch auf meiner Arbeitsfläche steht ein zuverlässiges Modell. Sie lässt mich nie im Stich, egal, um was es geht: Kuchenteig, Schlagsahne, Eischnee, Hefeteig...

KÜCHENWAAGE

Ohne sie geht es nicht in der Küche! Sinnvoll ist eine elektronische Waage, die aufs Gramm genau wiegt und auch auf Hohlmaß (z. B. Milliliter) umgestellt werden kann.

MESSER UND KLINGEN

Hochwertige Produkte, die gut in der Hand liegen, sind dem schnellen Schnäppchen immer vorzuziehen, dann hat man jahrelang etwas davon. Zur absoluten Grundausstattung gehört ein großes und ein kleines Kochmesser sowie ein Sparschäler.

MUFFINFORMEN

Silikonformen verteilen die Hitze nicht so gut wie Formen aus Metall, bei denen die Hitze gleichmäßig an den Teig abgegeben wird. Wichtig ist immer das Fetten der Formen vor dem Befüllen mit Teig. Das verhindert kleine Unfälle, wenn die Muffins aus der Form geholt werden.

SAFTPRESSE

Zitrusfrüchte spielen in vielen meiner Rezepte eine Rolle. Eine stabile, leicht zu reinigende Presse aus Edelstahl und eine hochwertige Zestenreibe sind die ideale Kombination, vor allem um nur die aromatische Schale ohne das bittere Weiße zu erwischen.

SCHLAGKESSEL

Für manche vielleicht ein ungewohnter Begriff, aber dies sind spezielle Schüsseln, die im gut sortierten Haushaltswarenhandel zu finden sind. Ich habe eine ganze Sammlung in unterschiedlichen Größen, die bei mir täglich zum Einsatz kommen. Am praktischsten sind Kessel aus rostfreiem Edelstahl, die sich platzsparend ineinander stapeln lassen.

SCHNEEBESEN

Am liebsten habe ich den Klassiker der Backkunst aus rostfreiem Edelstahl und mit einem langen Griff, damit er gut in der Hand liegt.

SCHNEIDEBRETTER

Davon habe ich eine ganze Sammlung in unterschiedlichen Größen, Formen und Mustern, die ich für meine Fotografien verwende. Die traditionellen Holzbretter sind vielleicht nicht so schick, aber definitiv hygienischer als solche aus Plastik.

SPRINGFORMEN

Damit lässt es sich hervorragend backen und die Kuchen sind leicht aus der Form zu nehmen. Sie sollten nicht zu groß sein (die Formen, die ich verwende, haben meist zwischen 20 und 24 cm Durchmesser).

STABMIXER

Auch wenn es ein Stabmixer nicht mit einem klassischen Standmixer aufnehmen kann, so ist er doch ausgesprochen praktisch, wenn Konfitüren oder feine Saucen hergestellt werden sollen. Denn die kann man dann direkt im Topf zubereiten.

TEIGROLLER

Sehr praktisch sind Teigroller aus Holz oder Silikon, auf Griffe kann man gut verzichten. Wenn gerade keiner zur Hand ist, hilft auch eine glatte, saubere Glasflasche.

TEIGSCHABER MIT GRIFF

Die sind unabdingbar, wenn es darum geht, eine Schüssel auszukratzen, Zutaten zu vermischen oder Eischnee unterzuheben. Ich habe immer mehrere dieser Schaber griffbereit – am besten aus Silikon, weil sie dann auch für heiße Zubereitungen verwendet werden können.

TÖPFE UND PFANNEN

Oh ja, ein heikles Thema! Ich habe viel ausprobiert und neige mittlerweile deutlich zu Töpfen und Pfannen mit einer robusten Antihaftbeschichtung.

HINWEISE ZU DEN REZEPTEN

Die **Temperaturangaben** dieses Buches sind in °C (Grad Celsius) angegeben und hier ist immer, sofern nicht anders vermerkt, die Temperatur für Umluft zu verstehen. Das Backgut wird immer in der Ofenmitte eingeschoben. In einem Backofen mit einfacher Ober- und Unterhitze liegt die Temperatur meist um ca. 20 °C höher. Für den Gasherd sind die Angaben des Gerätestellers zu beachten. Die Backzeiten können je nach Backofen variieren und es ist sinnvoll, nicht nur die Zeiten im Auge zu behalten, sondern sich zu vergewissern, ob das Gebäck eventuel schon fertig ist.

Die in den Rezepten angegebenen **Zubereitungszeiten** sind lediglich Circaangaben und können je nach Erfahrung auch etwas länger dauern.

Bei den **Löffelangaben** ist immer das gestrichene Maß gemeint. Bei den in den Rezepten angegebenen **Eiergrößen** handelt es sich um M, Ausnahmen sind entsprechend ausgewiesen.

Zur Orientierung sind die Rezepte mit einem **Schwierigkeitsgrad** versehen:
★ sehr einfach und gelingt auch Kochanfängerinnen und Kochanfängern
★ ★ etwas aufwändiger und eine gewisse Erfahrung in der Küche ist hier hilfreich

ABKÜRZUNGEN

ml = Milliliter ($^1/_{1000}$ l)
l = Liter
g = Gramm
TL = Teelöffel
EL = Esslöffel
cm = Zentimeter
ca. = circa
geh. = gehäuft
Pck = Päckchen
TK = Tiefkühlware
Ø = Durchmesser

Immer mehr Menschen vertragen bestimmte Zutaten nicht. Daher ist hier eine **Seitenübersicht**, welche Rezepte **Allergene** enthalten können. Dabei haben wir uns an den wichtigsten Allergieauslösern orientiert. Rezepte mit Haferflocken sind nur dann glutenfrei, wenn als Zutat glutenfreie Haferflocken verwendet werden; dasselbe gilt für Maistortillas. Normale Haferflocken können aufgrund der Produktion immer Gluten enthalten. Rezepte mit Schokolade sind nur dann vegan, wenn bei der Schokoladenherstellung kein Milchpulver verwendet wurde, gleiches gilt für Nougatcremes.

GLUTEN:

32, 84, 86, 88, 90, 94, 96, 98, 102, 104, 106, 110, 112, 128, 130, 132, 136, 138, 140, 142, 146, 148, 150, 152, 154, 156, 160, 166, 172, 174, 180, 182, 186, 188

LAKTOSE:

16, 26, 34, 46, 50, 56, 80, 84, 86, 88, 90, 94, 96, 102, 104, 110, 112, 128, 130, 136, 138, 140, 142, 146, 148, 150, 152, 154, 156,160, 164, 172, 174, 178, 180, 182, 186, 188

NÜSSE:

12, 20, 32, 34, 36, 38, 40, 44, 46, 48, 52, 56, 58, 60, 62, 64, 68, 74, 80, 82, 86, 88, 94, 98, 104, 106, 116, 118, 120, 122, 124, 130, 134, 138, 140, 148, 150, 156, 160, 174, 178, 180, 182

ERDNÜSSE:

46

EIER:

84, 86, 88, 90, 96, 102, 110, 112, 128, 130, 136, 138, 140, 146, 148, 150, 152, 154, 164, 166, 172, 178, 182, 188

SULFIT:

14, 16, 32, 38, 106, 116, 118, 120, 122, 124, 166

SESAM:

38, 90, 120, 150, 172, 174, 180

Sämtliche Rezepte dieses Buches sind frei von Fisch, Weich- und Krebstieren, Soja, Lupinen und Senf.

Rezeptübersicht

ENERGIEKUGELN 114

PFANNKUCHEN, PANCAKES UND CRÊPES 126

KNUSPRIGE WAFFELN UND KEKSE 144

HERZHAFT BRUNCHEN 162

= vegan

Ein großes Dankeschön

Eines Morgens im September 2012 startete ich mit meinen französischen Foodblog „Fraise & Basilic". Heute kann ich sagen: Damit habe ich mich auf eine unglaubliche Abenteuerreise begeben, die mich zu neuen beruflichen Ufern führte und auf der ich sehr schöne Begegnungen haben durfte. Ein großer Dank geht an meine Leserinnen und Leser, ohne die dies so niemals hätte gelingen können. Ich hoffe, dass sie in diesem Buch das wiederfinden, was ihnen an meinem Blog gefällt.

Danke an Julie, meine sensationelle Assistentin, mit der die Zusammenarbeit immer eine wahre Freude ist.

Danke für die Unterstützung meiner Familie und Freunde, die einmal mehr bereit waren, als Rezepttester herzuhalten.

Ein besonderer Dank an Caroline, Stéphanie und Dounia, die mich immer ohne Wenn und Aber unterstützten und unterstützen. Sie glaubten lange vor mir an dieses Projekt – und daran, dass ich es verwirklichen kann. Zuletzt ein riesengroßes Merci an meinen Mann und meine beiden Kinder, die mich mit eben diesem Projekt teilen mussten (aber im Gegenzug mehrere Wochen lang immerhin ein Frühstück serviert bekamen!).

Sandrine